| 生活技能 317 |

開始在德國自助旅行

作者◎時小梅

太雅

「遊德國鐵則」

☑ 德國地域性文化豐富多元

理由：德國是由歷史上許多不同地區、城邦所成立的國家，即便同樣是德國人，各自會以其家鄉地區傳統文化為傲。旅行時應保持開放的心態，欣賞其文化、飲食之多元性。

☑ 打招呼、用餐及敬酒小禮儀

理由：德國人見面主要以握手為主。在用餐時多會等每個人的菜色都上桌後才一起開動。敬酒時和打招呼一樣，眼神接觸要肯定，而且別忘了帶個微笑。

☑ 歷史議題談論視對象及場合

理由：對於一次及二次世界大戰、納粹以及猶太人大屠殺(Holocaust)等所有相關議題，談論前建議先深入了解，並且視對象及場合適當地談論。德國主要以負面的評價來看待此段歷史。

☑ 避免宗教、政治及種族歧視議題

理由：宗教及種族歧視議題在德國一直是嚴肅及敏感的話題。旅行應避免在公開場合談論，或是做出容易被誤會的行為舉止。

☑ 客觀地討論前東、西德之話題

理由：德國經歷了近半個世紀的東、西德不同政權時期。然而，在絕大多數人歡欣鼓舞的慶祝德國統一之後，至今仍有些少數前東德人懷念著過往的生活。而前東德時期的懷舊文物亦成為今日認識該時期生活最好的方式，與他人討論時應保持客觀的立場。

☑ 公廁及餐廳飲水均要付費

理由：旅行時，應隨身準備小額零錢(€0,50)，火車站及多數公廁都需要付費。餐廳不提供免費茶水(也不應飲用自己帶的水)。

✅ **轉車行程不要抓太緊,盡量要有備案**
理由: 德國國鐵近年來誤點、罷工等狀況常見,轉車的時間要抓寬鬆,以及行前應多關注一下當地的新聞資訊,並且隨時有備案。

✅ **城市卡、博物館卡及各樣主題卡**
理由: 大多數熱門城市都會有屬於自己的觀光旅遊卡,只要在網站上輸入「城名市+Card」即可得到相關資訊。這些卡種結合交通、博物館及購物等優惠活動,非常划算。

✅ **經濟實惠準備每天三餐**
理由: 多利用旅館提供的豐盛又美味的早餐。旅行時,市區內的超市或藥妝店的瓶裝水,或者是其他糧食蔬果的價格都會比火站車附近的便宜。

✅ **登高、導覽、自備糧食**
理由: 參觀城堡、教堂、市政廳等有「塔」的景點,大多都可以登高看全景。許多城堡宮殿開放外部花園免費參觀,宮殿內需參加導覽才能參觀。在郊區的全日行程,應隨時自備充足的水及簡餐。

✅ **選擇交通日票、團體票或邦票就對了**
理由: 德國各邦州會有邦州日票、團體票,各城市亦會有日、週票及團體票的多種優惠。這些票種可以為旅人在一日繁忙的行程中省下不少時間及精力。只要了解上述票券適用的車種、票價區,「先買票、後上車」輕鬆暢遊德國絕非難事!

✅ **營業時間不統一、景點暫不開放!?**
理由: 因季節及宗教節日因素,開放時間會有夏、冬季之分;特殊宗教或是區域文化性節日(如狂歡節)亦為休息日。宮殿、教堂、博物館不時會因整修、修復工程,而有完全或局部不開放的情況,行前請查詢官網。

「德國最值得體驗的10件事」

吃、喝、玩、樂、藝術文化以及自然美景，在德國樣樣都少不了，讓人驚豔的指數也都常常破表。這裡整理出德國最值得體驗的10件事，幫助初遊德國的旅人規畫行程，全面掌握德國最精采的文化活動或景點！

1 十月慕尼黑啤酒節 (Oktoberfest)

🕐 每年9月底～10月初 / 📍 巴伐利亞州，慕尼黑

德國每年最大的國際盛事，在特蕾西亞草坪(Theresienwiese)上，啤酒帳篷餐廳裡有穿著傳統服飾的音樂隊及服務員熱情的招待，是體驗巴伐利亞最傳統又最國際化的節慶活動首選。

2 柏林圍牆 (Berliner Mauer)

🕐 全年 / 📍 柏林

柏林圍牆遺址在城市各個角落述說著各自曾經歷過的故事，提醒世人要搭建的是橋梁，而不是一道牆。沿著柏林圍牆漫步，感受各路段背後，無數曾經嚮往自由的靈魂，是難能可貴的體驗。

3 柏林燈火節 (Lichterfeste in Berlin / Berlin leuchtet)

🕐 每年10月中，為期17天 / 📍 柏林(熱門景點、建築物、街道)

自2013年起開辦的柏林燈火節是目前德國最熱門的節慶。無論是柏林大教堂、布蘭登堡門、柏林電視塔，或是大型廣場及雕像，在夜間就像是穿上了華麗的衣裳，搖身變為柏林燈光秀派對的成員。

4 工業文化路線主題 (Metropol Ruhr－Route der Industriekultur)

🕐 全年(夜間有燈光裝置藝術秀) / 📍 魯爾都會區城市

昔日的煤礦工廠並未被遺忘，反而成為今日重要的文化及觀光資產。來一趟工業文化之旅，可以感受不同煤礦工廠的歷史氛圍，以及結合裝置藝術所帶來的震撼！

5 科隆狂歡節 (Kölner Karneval)

🕐 每年2月中旬舉辦大遊行 / 📍 科隆

在萊茵河沿岸至德國西南部的許多城市，國際聞名的科隆狂歡節是該地區最具代表性的嘉年華活動，2月絕對是最值得參觀的月分之一！

6 黑森林區 (Schwarzwald)

🕐 春、夏、秋季(冬季則適合滑雪行程) / 📍 巴登－符騰堡州(弗萊堡等城市)

位於歐洲多瑙河源頭的巴登－符騰堡州之黑森林區，不僅有著壯麗的山林景色，熱鬧又充滿著日耳曼昔日農村風情的黑森林區小城鎮，搭配蒂蒂湖(Titisee)遊湖行程，增添難忘的夏日回憶。

7 新天鵝城堡 (Schloss Neuschwanstein)

🕐 2～11月 / 📍 巴伐利亞州(鄰近城市慕尼黑、富森)

新天鵝堡被高山美景包圍著，在宮殿旁的林蔭小道漫步或是欣賞湖景，時而有愜意又清脆的馬蹄聲經過身旁，彷彿進入時光隧道中，讓人忘卻塵囂瑣事！

8 國王湖 (Königssee)

🕐 2～11月 / 📍 巴伐利亞州－貝希特斯加登國家公園 (Berchtesgaden，鄰近慕尼黑、奧地利薩爾斯堡)

有著高山環繞又清澈無瑕的國王湖，悠靜地在德奧邊境的小角落。搭著小船遊湖，船夫吹起小號響亮的音律，展示山區絕佳的回聲效果。聖巴爾多祿茂教堂的鮮明磚紅色教堂圓頂，為國王湖增添壯嚴的氣息。

9 紐倫堡聖誕節市集 (Nürnberger Christkindlesmarkt)

🕐 11月底～12月底 / 📍 紐倫堡

紐倫堡聖誕市集是德國每年最大盛事之一。寒冷的冬天裡，在德國最大的聖誕節市集喝上一杯熱熱的香料紅葡萄酒，逛著琳瑯滿目的聖誕禮品、傳統木製玩具、紐倫堡傳統薑餅等攤位，不時還傳來撲鼻的烤香腸香味！

10 薩克森－小瑞士國家公園 (Sächsische Schweiz)

🕐 2～11月 / 📍 薩克森州，德勒斯登郊區

遠離大城市的喧嘩，在薩克森州與波西米亞邊境地帶的小瑞士國家公園，與浪漫主義風景畫家一同在這媲美瑞士山區美景的自然景點區漫步，並登高至巴斯坦(Bastei)，欣賞易北河(Elbe)嬌美的河灣景色。

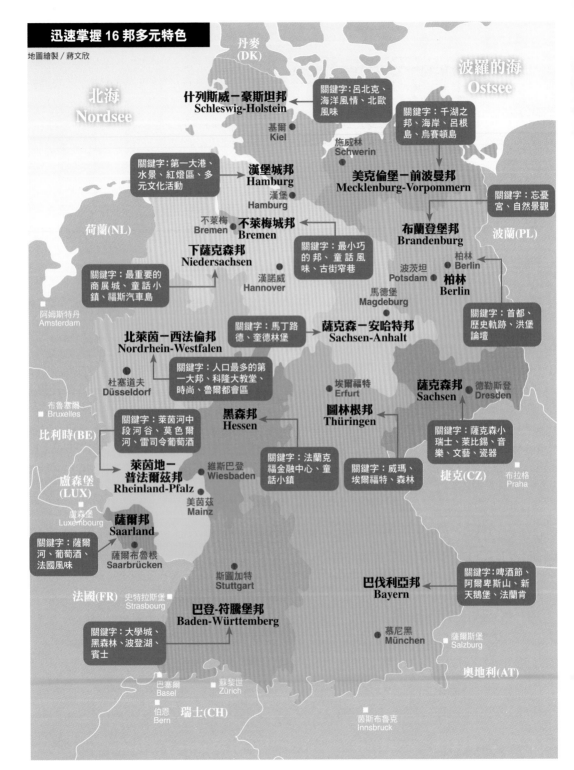

迅速掌握 16 邦多元特色

地圖繪製 / 蔣文欣

丹麥
(DK)

北海
Nordsee

波羅的海
Ostsee

什列斯威－豪斯坦邦
Schleswig-Holstein

關鍵字：呂北克、海洋風情、北歐風味

基爾
Kiel

關鍵字：千湖之邦、海岸、呂根島、烏賽頓島

施威林
Schwerin

關鍵字：第一大港、水景、紅燈區、多元文化活動

漢堡城邦
Hamburg

漢堡
Hamburg

美克倫堡－前波曼邦
Mecklenburg-Vorpommern

荷蘭(NL)

不萊梅
Bremen

不萊梅城邦
Bremen

波蘭(PL)

關鍵字：忘憂宮、自然景觀

下薩克森邦
Niedersachsen

關鍵字：最小巧的邦、童話風味、古街窄巷

布蘭登堡邦
Brandenburg

關鍵字：最重要的商展城、童話小鎮、福斯汽車島

漢諾威
Hannover

波茨坦
Potsdam

柏林
Berlin

柏林
Berlin

阿姆斯特丹
Amsterdam

馬德堡
Magdeburg

關鍵字：首都、歷史軌跡、洪堡論壇

關鍵字：馬丁路德、奎德林堡

薩克森－安哈特邦
Sachsen-Anhalt

北萊茵－西法倫邦
Nordrhein-Westfalen

關鍵字：人口最多的第一大邦、科隆大教堂、時尚、魯爾都會區

布魯塞爾
Bruxelles

杜塞道夫
Düsseldorf

埃爾福特
Erfurt

薩克森邦
Sachsen

德勒斯登
Dresden

比利時(BE)

關鍵字：萊茵河中段河谷、莫色爾河、雷司令葡萄酒

黑森邦
Hessen

圖林根邦
Thüringen

關鍵字：薩克森小瑞士、萊比錫、音樂、文藝、瓷器

盧森堡
(LUX)

萊茵地－普法爾茲邦
Rheinland-Pfalz

維斯巴登
Wiesbaden

關鍵字：法蘭克福金融中心、童話小鎮

關鍵字：威瑪、埃爾福特、森林

捷克(CZ)

布拉格
Praha

盧森堡
Luxembourg

薩爾邦
Saarland

美茵茲
Mainz

關鍵字：薩爾河、葡萄酒、法國風味

薩爾布魯根
Saarbrücken

法國(FR)

史特拉斯堡
Strasbourg

斯圖加特
Stuttgart

巴伐利亞邦
Bayern

關鍵字：啤酒節、阿爾卑斯山、新天鵝堡、法蘭肯

巴登-符騰堡邦
Baden-Württemberg

關鍵字：大學城、黑森林、波登湖、賓士

慕尼黑
München

薩爾斯堡
Salzburg

巴塞爾
Basel

蘇黎世
Zürich

奧地利(AT)

伯恩
Bern

瑞士(CH)

茵斯布魯克
Innsbruck

德國對流行性傳染病的防範政策

航空入境防疫

德國目前已取消搭乘境內航線飛機上要戴口罩的規定；在機場或航廈內則是建議戴口罩。然而搭乘國際航線飛機，則必需視你要前往的國家的疫情狀況而定。即便許多國家已無強制規定戴口罩，出國時若自身覺得需要，還是可以視情況戴上口罩。

生活交通防疫

和其他歐洲國家較不同的地方是，在德國除了會有由衛生部統一發出的防疫措施，國內的16個邦州，部分邦州會因應其不同的考量而做出調整。出發前應了解自己旅遊城市的所屬邦州，以利查詢進一步的注意事項。

目前德國全國已公告取消搭乘大眾交通運輸工具、長途火車載載口罩之規定，不論出入公共場所或搭乘大眾運輸，民眾可自行決定是否要戴口罩。此外，也已取消進出入醫療看護單位場所的快篩義務。學校單位或是公部門單位，則偶而有不同的相關規定。

◀ 駐德台北代表處「簽證及入境須知」官方網頁

從口罩政策看文化差異

戴口罩以及是否接受施打疫苗，在德國曾是一個和「個人自由」及「政策措施」有衝突的社會議題。旅行時，應對於各地不同的防疫措施及實際執行的狀況抱持包容和理解的態度，不需要多做干預或是給予異樣的眼光，著重於加強自身防疫即可。

確診後的處理方式

確診後，應立即進行自主隔離。待在飯店或旅館房間內，以電話或是網路的方式與外界聯絡。若情況嚴重，應立即請飯店旅館人員協助，電話撥打116、117通報相關單位，讓自己及時得到醫療救援。

相關藥品哪裡買

在德國，對抗新冠藥物（COVID-19-Medikament Paxlovid, 150mg+100mg）需要有醫生處方才能購買。一般常見的止痛藥（Schmerztabletten）為Ibuprofene，或是Ibu-ratiopharm，劑量分別有400及600毫克。該藥品可以不需醫生處方，直接在正式藥局買到，服用後可減緩一般性頭痛等不適狀況。

請注意 以上非專業醫療資訊或建議，請讀者行前自行向家庭醫生做完整的專業諮詢，選擇適合自己的旅行藥物。

緊急聯絡單位

■ **Ärztlicher Bereitschaftsdienst**
免費的24小時醫務值勤專線：116 117(德語)

■ **Infotelefon des Bundesgesundheitsministeriums zum Coronavirus**
德國衛生部新冠病毒諮詢專線：030 346 465 100(德語)

■ 其他旅外國人急難救助資訊，詳見P.205。

臺灣太雅出版
編輯室提醒

出發前，請記得利用書上提供的通訊方式再一次確認

每一個城市都是有生命的，會隨著時間不斷成長，「改變」於是成為不可避免的常態，雖然本書的作者與編輯已經盡力，讓書中呈現最新的資訊，但是，仍請讀者利用作者提供的通訊方式，再次確認相關訊息。因應流行性傳染病疫情，商家可能歇業或調整營業時間，出發前請先行確認。

資訊不代表對服務品質的背書

本書作者所提供的飯店、餐廳、商店等等資訊，是作者個人經歷或採訪獲得的資訊，本書作者盡力介紹有特色與價值的旅遊資訊，但是過去有讀者因為店家或機構服務態度不佳，而產生對作者的誤解。敝社申明，「服務」是一種「人為」，作者無法為所有服務生或任何機構的職員背書他們的品行，甚或是費用與服務內容也會隨時間調動，所以，因時因地因人，可能會與作者的體會不同，這也是旅行的特質。

新版與舊版

太雅旅遊書中銷售穩定的書籍，會不斷修訂再版，修訂時，還區隔紙本與網路資訊的特性，在知識性、消費性、實用性、體驗性做不同比例的調整，太雅編輯部會不斷更新我們的策略，並在此園地說明。您也可以追蹤太雅 IG 跟上我們改變的腳步。

taiya.travel.club

票價震盪現象

越受歡迎的觀光城市，參觀門票和交通票券的價格，越容易調漲，特別 Covid-19 疫情後全球通膨影響，若出現跟書中的價格有落差，請以平常心接受。

謝謝眾多讀者的來信

過去太雅旅遊書，透過非常多讀者的來信，得知更多的資訊，甚至幫忙修訂，非常感謝大家的熱心與愛好旅遊的熱情。歡迎讀者將所知道的變動訊息，善用我們的「線上回函」或直接寄到 taiya@morningstar.com.tw，讓華文旅遊者在世界成為彼此的幫助。

開始在德國自助旅行 2024～2025年全新版

作　者	時小梅
總 編 輯	張芳玲
發想企劃	taiya旅遊研究室
編輯主任	張焙宜
企劃編輯	林孟儒、鄧鈺澐
主責編輯	林孟儒、鄧鈺澐
封面設計	許志忠
美術設計	許志忠

太雅出版社

TEL：(02)2368-7911　FAX：(02)2368-1531

E-mail：taiya@morningstar.com.tw

太雅網址：http://taiya.morningstar.com.tw

購書網址：http://www.morningstar.com.tw

讀者專線：(02)2367-2044、(02)2367-2047

出 版 者	太雅出版有限公司
	台北市106辛亥路一段30號9樓
	行政院新聞局局版台業字第五○○四號

讀者服務專線：(02)2367-2044 / (04)2359-5819#230

讀者傳真專線：(02)2363-5741 / (04)2359-5493

讀者專用信箱：service@morningstar.com.tw

網路書店：http://www.morningstar.com.tw

郵政劃撥：15060393(知己圖書股份有限公司)

法律顧問　陳思成律師

印　刷	上好印刷股份有限公司　TEL：(04)2315-0280
裝　訂	大和精緻製訂股份有限公司　TEL：(04)2311-0221
初　版	西元2023年11月01日
定　價	430元

(本書如有破損或缺頁，退換書請寄至：
台中市西屯區工業30路1號　太雅出版倉儲部收)

ISBN　978-986-336-467-2

Published by TAIYA Publishing Co.,Ltd.

Printed in Taiwan

國家圖書館出版品預行編目(CIP)資料

開始在德國自助旅行／時小梅作.
——初版，——臺北市：太雅，2023. 11
面；　公分 . ——（So easy；317）
ISBN　978-986-336-467-2　（平裝）
1.自助旅行　2.德國
743.9　　　　　　　　　　　112014138

填線上回函

開始在德國自助旅行
2024～2025年全新版

pse.is/52eawf

思考與玩樂並重的德國

德國是一個思考以及玩樂同樣重要的國家。因此旅遊產業是德國重要的休閒文化之一，連德國人都喜歡在國內不同地區的城市一日遊觀光。而在德國境內的各個自然國家公園更是常常可以看到當地人從事健行等戶外活動。今日，在德國自助旅行非常方便，旅遊資源及資訊都也很豐富。

撰寫本書時，我收集了許多當地的第一手旅遊資訊，除了詳細介紹德國的鐵路及城市市區交通系統之外，亦以全德區域的角度介紹其各地節慶、美食以及紀念品等購物資訊，希望能將德國最真實又多樣的面貌介紹給讀者。其中寫作重心又以玩樂篇為主，以全德國各邦州角度結合適當的旅遊行程規畫，提供完整的德國地理區域概念及豐富的資訊，讓讀者簡便及快速地找到自己喜好的邦州、城市或是自然景點，完成一趟既玩得盡興又有深度的德國之旅。

「德國玩樂重點」將市區、郊區、自然國家公園分門別類介紹。「主題路線之旅」提供德國旅遊局官方規畫的主題路線。「德國各城市及邦州」詳細介紹六大城市的重要景點：柏林、漢堡、法蘭克福、斯圖加特、紐倫堡及慕尼黑，以及兩座巴登－符騰堡州的大學城：海德堡及弗萊堡。「科隆及魯爾都會區」、「圖林根州」及「薩克森州」皆提供建議行程及推薦景點。此外，更提供搭配的郊區1日遊，如國王湖、新天鵝堡、黑森林蒂蒂湖以及薩克森小瑞士國家公園。

最後，要感謝太雅出版社的主任、編輯及美編同仁，在合作的過程中總是很細心又很耐心地和我做書籍內容編排的討論。更要感謝我在臺灣的家人(我的母親及姐姐們)的支持，讓我能在德國專心工作及寫書。希望未來能有機會再為讀者撰寫更多德國旅遊書籍。

時小梅 德國海德堡／曼海姆

Germany · 德國

關於作者

時小梅

本名：邱玉萍。輔仁大學哲學、經濟學學士。

足跡踏遍了德國50多個城市，其中許多城市更造訪了2次以上。常常和當地人一樣參加文化節慶活動或是主題旅行，也喜好在德國各地的國家自然森林公園觀景遊湖、健行或是散步。

出版作品：太雅個人旅行書系《柏林，附：柏林近郊與波茨坦市區》；So Easy書系《開始在德國自助旅行》。

目 錄

14

認識德國

38

機場篇

78

城市交通篇

24

行前準備

52

交通篇

96

住宿篇

認識德國
About Germany

德國，是個什麼樣的國家？

德國從北部到南部的景觀變化十分豐富，有迷人的湖泊、蒼翠的丘陵、綠意的鄉野，走進這個擁有豐富的自然及世界文化遺產(UNESCO)的國家前，非常值得先了解一下它的背景！本篇從德國的地理、歷史、氣候、工業概況、語言、幣值、電壓介紹，讓你迅速了解德國概貌。

德國速覽

風情萬種又中規中矩的德國？

地理 | 景觀變化十分豐富

位於中歐的德國，因著北、中、南部的地勢變化，有著不同的地理景觀。東南部主要有與奧地利及瑞士相鄰的阿爾卑斯高山地區的巴伐利亞高原，以湖泊、丘陵景色為多。而西南部以黑森林山區為主，在其主要河流萊茵河兩側可見梯形地帶。從南部的高山地區有著萊茵河向中、北部低地經過法國及其他西歐國家最終流入北海；而源自於黑森林區，則有向東流經過十多個國家的多瑙河。

中德地區為山地地帶，除了萊茵河之外，亦有內卡河、美茵河為主要河流；北

德國基本情報

面積：約358,000平方公里(約台灣10倍大)

首都：柏林(Berlin)

政府：聯邦議會共和立憲制，由16個邦共同組成國家

政府：聯邦

人口：約8,380萬人(至2022年止)

貨幣：歐元，符號為€

官方語言：德語

德國主要城市位置圖 地圖繪製／張蓓蓓

德則以低矮的丘陵為主要的地貌景觀，並分別與北海及波羅的海以沿海海岸地形相接，從捷克發源流經北德多數城市的易北河最終流入北海，是該地區主要的經濟動脈之一。

根州，因受到前東德政權歷史的影響，在經濟的表現上相對緩弱，然而其觀光自然景色、歷史及文化的表現並不輸給德國其他邦州。

德國小檔案 02

行政區域 | 首都：柏林

德國目前一共有16個邦州（Land，可以單稱「邦」或「州」），其中「柏林」為德國首都，連同「漢堡」及「不萊梅」因特殊的歷史地位關係，此3座城市自成獨立城邦。其他13邦中，以東南部的巴伐利亞州（Bayern，首府：慕尼黑）為最大的經濟和觀光重地，西南部則以巴登－符騰堡州（Baden-Württemberg，首府：斯圖加特）為工業重鎮，汽車以及觀光（黑森林區）等相關產業非常的發達。

其他重要的工商業大邦主要分布在中西部，如：黑森邦（Hessen，首府：威斯巴登，大城：法蘭克福，萊茵－美茵都會區、萊茵內卡都會區）、北萊茵－西伐利亞邦（Nordrhein-Westfalen，首府：杜塞多夫，大城：科隆及魯爾都會區）。這些地區的多數城市人口密集，並在經濟、交通及產業發展上都有著高度發展且關係緊密，進而各自成為一個大都會區。

中部尚有下薩克森邦（Niedersachsen，首府：漢諾威）等其他小邦州；東部則有薩克森州及圖林

德國小檔案 03

歷史 | 從日耳曼到德意志聯邦

在歐洲中部這片土地上，日耳曼人早在中世紀時足跡已踏遍許多今日所謂的東歐、波羅的海國家地區，無論在宗教、政治以及海陸貿易方面，都扮演著非常重要的角色。然而中世紀時大大小小的戰爭，及至16世紀的宗教戰爭，卻使得這片土地上，說著同樣語言的大小邦國各自林立。

到了19世紀後期，鐵血宰相俾斯麥促成了德意志帝國的統一。無奈在20世紀初期的兩次世界大戰之後，德國不僅被同盟國畫分為4個占領區，連首府柏林也被一分為四，此後德國經歷了將近半個世紀的東、西德及柏林時期。1990年蘇維埃政權垮台，兩德統一，成為今日的德國，並在之後快速地恢復整體的經濟實力，於21世紀初躍上歐盟強國之列。

德國在前總理梅克爾16年的領導下，除了經濟亦強調全球能源議題，在其執政後期，繼2011年阿拉伯之春，又迎來2015年歐洲難民潮，德國成為全世界第二大移民入口國。2021年新聯邦總理為德國社會民主黨的奧拉夫・蕭茲。

▲ 柏林布蘭登堡門上的勝利女神雕像

▲ 柏林查理檢查哨博物館外重建後的檢查哨現在已成為觀光景點

德國小檔案 04

經濟 | 重視品質與創新的工商業

長期以來，德國一直扮演著全歐洲經濟最大國的角色，有著指標性的地位。工商服務業是國內最主要的產業型態，有別於歐洲其他國家以首都為主要經貿大城，德國境內因特有的地理及歷史發展因素，在各大邦州幾乎都有著具代表性的經濟重鎮，其個別的表現都足以左右德國整體的經濟成績。

國際局勢影響下，連帶的效應是民生物價、水電能源費用的上漲及文化差異的衝突。儘管如此，德國在這困難的年頭，在各產業仍然繼續著創新科技、精工技術、觀光產業、再生能源等各領域的發展。大城市活躍的社群網路、電子商務、創新產業Start-Up的新活力與傳統工商業的結合，再加上其無數又無價的觀光資產，絕對是歐洲最值得遊玩的國家！

德國小檔案 05

氣候 | 夏熱冬寒、四季分明

德國北部主要為海洋性氣候、中、東部則屬於大陸性氣候，全年降雨分布平均。西部萊茵河地區則較潮濕溫暖，南部則因接近阿爾卑斯山山區，冬季降雪多。最適合遊玩德國的季節主要為春、夏、秋3個季節，冬季則適合有特殊節慶或滑雪活動的行程。夏、冬季的日照時間差異大。

▲ 夏日的波登湖邊

▲ 10月初的科隆萊茵河邊

▲ 冬季的慕尼黑總火車站

	冬季 12～2月	夏季 6～8月	春季 3～5月	秋季 9～11月
平均氣溫	0～10℃	15～25℃	10～20℃	
體感	寒冷	溫暖、舒適	早、晚微冷，日間有陽光時溫暖，無陽光則涼爽	
日照(視地區而略有差異)	07:00～16:00 (冬令時制UTC+1)	05:00～21:00 (夏令時制UTC+2)	06:00～約19:00	
室內外	■室外寒冷 ■室內、地鐵及其他大眾運輸工具多有暖氣，乾暖	■室外涼爽至熱 ■室內、部分地鐵地鐵及其他大眾運輸工具無冷氣，時而悶熱 ■目前在部分購物中心及商店陸續已有冷氣，但一般住家仍無冷氣設備	■室外微冷至涼爽 ■室內、地鐵及其他大眾運輸工具之暖氣視情況而開	
備註	山區或是地勢較高地區，低溫會到-5～-10℃或以下	南部城市在7～8月時，氣溫會高達35℃以上	接近冬天的早晨及晚間，外出時仍需注意保暖	

德國小檔案 06

航程 | 直飛航班約12～16小時

從台北桃園國際機場出發，直飛航班有中華航空，台北－法蘭克福，航程約12～16小時，以及長榮航空，台北－慕尼黑，航程約14～15小時。轉機航班：如國泰或漢莎航空，台北出發再轉機至法蘭克福，航程約14～20小時不等(含轉機時間)。

德國小檔案 07

貨幣 | 歐元

德國和許多歐盟國家一樣使用歐元(Euro，符號為€)，為通行貨幣。至2022底年止，歐元兌台幣的平均匯率值為1：31.34。歐元貨幣紙鈔面額分別有：5、10、20、50、100、200、500元；硬幣幣值分別有：分(Cent)1、2、5、10、20、50分；歐元(Euro)1、2元。

在日常交易上，一般中小型商店並不太樂於接受100歐元以上的大鈔，謹慎一點的店家還可能會拒收。50歐元以下則為流通最普及的幣值。

路上觀察 德國各城市物價各不同

相對於西歐國家如英國或法國，德國的平均物價水準較低。然而在德國國內，不同城市之間又有明顯的物價差異。在德國南部經濟實力較強的邦州城市，如慕尼黑、法蘭克福、斯圖加特，這些城市無論是房屋租金或是生活用品都比其他城市來得高。

而德國東北部城市如柏林、德勒斯登或是萊比錫，則因近代歷史及其他因素，即便近兩年來全國物價明顯上漲許多，相較於德國南部或是西部等城市，生活支出普遍來說都還是較低的。

▲ 前東德城市德勒斯登的傳統室內市集

5歐元　　　　10歐元　　　　20歐元

50歐元　　100歐元　　　200歐元　　　500歐元

2歐元　　1歐元　　50分　　20分　　10分　　5分　　2分　　1分

德國小檔案 08

時差 | 配合夏令時制

德國時區為UTC+1。由於配合夏令時制,每年3月的最後一個週日至10月的最後一個週日,時間會調快1個小時,為UTC+2。

	夏令時制 (3月底～10月底)	冬季 (正常時制)
德國	UTC+2 (上午06:00)	UTC+1 (上午05:00)
台灣	UTC+8 (中午12:00)	

貼心 小提醒

瓶裝水喝完別丟!那可是錢啊!

若是在超市購買瓶裝水,會發現收據上多付了€0.25的保特瓶押金(或是啤酒瓶押金€0.08),只要將保特瓶投入回收機器,就能到櫃檯退回現金。這也解釋了為何在街上會看到許多街友,常常在垃圾桶附近尋找及收集空瓶的現象了。

德國小檔案 09

飲水 | 自來水可以喝

在德國基本上可以直接飲用水龍頭提供的自來水,有些景點區、公園或是飯店則會在水龍頭旁特別標識是否為飲用水(Kein Trinkwasser為非飲用水)。部分的當地人仍是會使用濾水器後再飲用,或是習慣在超市買瓶裝水,瓶裝水也較符合國人的飲水習慣。不過瓶裝水的費用則會因為販售地點(景點區與超市),有1～2倍的價差。例如同樣500ml的瓶裝水,在超市約€1,在火車站則是€2。餐廳沒有提供飲用水,如果又不想點飲料的話,那麼可以向服務員要免費的自來水(Leitungswasser, bitte!)。

斯圖加特城市街道上的▶飲用水

德國小檔案 10

語言 | 德文

在德國、奧地利、瑞士這3個國家都是以德文為官方語言。以德文為母語的德國,又以標準德語(Hochdeutsch)為正式的書面用語,以和境內各地區不同的方言做區分。廣義來說,漢諾威是多數人認為說標準德語的城市,而柏林(Berliner Dialekt)、科隆(Kölsch)等其他城市,或是巴伐利亞州(Bairische Dialekte)、法蘭肯行政區(Fränkisch)、前巴登州的(Badisch、Almannisch)、前符騰堡州的施瓦本地區(Schwäbisch)等,都有各地方自己的口音及方言用語。

旅行時以標準德語或是英文都能滿足基本的溝通,尤其是在國際大城或熱門觀光城市。

德語快速入門

■**發音:**德語強調每個音節都要清楚發音(幾乎不連音)。母音的長短音之不同,亦代表著不同的單字,而子音的發音和英語並不全部相同。(詳見右頁發音表)

- **單字**：德語的單字特色在於名詞字首一律大寫；兩個名詞結合在一起時，會寫在一起併成一個單字。
- **數字**：從21開始至99，唸法為「個位數+und+十位數」（如23唸法為dreiundzwanzig）。歐元唸法舉例：€23,54 dreiundzwanzig Euro vierundfünfzig（有時Euro會被省略不唸）。
- **文法**：名詞有陽、中、陰性（der, die, das）及單、複數之分（例如火車：ein Zug, zwei Züge）。動詞會根據主詞變格，時態不同亦有不同的變化規則。句子中的動詞一律放在第二個位置。

發音對照表

母音對照表		子音對照表	
母音字母會因為其後所接的子音或是其他母音而有長、中、短之分。		子音會因於位於字首、字中或是字尾不同的位置而有所變化，以下僅列出基本常用發音。	
字母	**發音**	**字母**	**發音**
a	a	b	b, p
ah	a:	d	d, t
e	e (於字尾為ə)	f	f
eh	e:	g	g,
i	i	h	h
ie	i:	j	j,
o	o	k	k
u	u	l	l
ä	ɛ	m	m
ö	ø (œ)	n	n
ü	y	p	p
ai, ei	aɪ	qu	kv
au	aʊ	r	r
eu, äu	ɔɪ	s	z
		t	t
		v	f
		w	v
		x	ks
		y	j
		z	ts
		ch	ç, x
註：該字母及發音對照為簡要概述表，對德語學習有興趣者可以自行參考IPA國際音標對照表(長、短母音及特例)或其他德語學習書。		sch	ʃ
		tsch	tʃ
		ph	f
		pf	pf

德國小檔案 11

營業時間 | 週日爲休息日

即便許多歐洲國家抵擋不了觀光財的吸引力，近年來都紛紛在週日繼續營業，但唯有德國境內仍維持著週日休息的傳統。先查詢要前往的景點、購物商店或是餐廳的營業時間，在行程規畫上也是非常重要的一項功課哦！

週日休業	週日營業
購物：	**飲食：**
■柏林KaDeWe、連鎖百貨(Galeria Kaufhof、Karl Stadt等)	■連鎖速食餐廳(麥當勞、漢堡王)
■精品店(如手錶、廚具等)	■咖啡店(星巴克)
■藥妝店(Rossmann、dm等)	■部分麵包店(車站、地區性)
■超市(幾乎所有超市)	■非德國餐廳(土耳其、亞洲餐廳)
■服飾店(如H&M，C&A等)	

德國小檔案 12

電壓 | 220V，兩腳圓形插座

德國電壓爲220V，兩腳圓形插座。前往德國(或瑞士、奧地利)除了應使用兩腳圓形插頭，在歐規AC轉接頭的選擇上，以圓形身，或是扁身搭配兩腳圓形金屬較適合。電壓部分也要特別注意，筆電通常都會附有變壓器，其他如吹風機、整髮器等，則要攜帶有電壓切換鈕的雙電壓款式(110/120V；220/240V)，以確保使用上的安全。

路上觀察 | 1樓、2樓分不清？

在德國的所有建築物，一進去都是0樓，又稱EG(Erdgeschoss，電梯E樓)。若要到1樓(1OG：1 Oberges-choss，電梯1樓)，照台灣樓層的算法，就是要爬到2樓了。地下樓層會以U表示(Untergeschoss)。

5. OG	GFN AG : Verwaltung
4. OG	GFN AG : Empfang / YITP GmbH / GFN Consulting GmbH
3. OG	GFN AG : Schulungsräume
2. OG	F+U Akademie für Wirtschafts- und Sozialmanagement
1. OG	Internationale Berufsakademie - IBA
EG	Mensa, Cafeteria, Kiosk

德國小檔案 13

德國印象 | 你認識的名人

藝文&學術界的德國名人

■**科學家：** 愛因斯坦(Albert Einstein)、侖琴(Wilhelm Conrad Röntgen)、蒲郎克(Max Planck)

■**哲學家：** 黑格爾(Georg Wilhelm Friedrich Hegel)、馬克思(Karl Marx)、康德(Immanuel Kant)

■**作家詩人：** 歌德(Johann Wolfgang von Goethe)大文豪；格林兄弟(Jacob und Wilhelm Grimm)童話作家；席勒(Friedrich Schiller)詩人、劇作家；海涅(Heinrich Heine)詩人、文學家；徐四金(Patrick Süskind)作家，著《香水》

■**學者、發明家：** 威廉・洪堡(Wilhelm von Humboldt)教育家；亞歷山大・洪堡(Alexander von Humboldt)地理學家；古騰堡(Johannes Gutenberg)西方活字版印刷發明人；戴姆勒(Gottlieb Daimler)汽車之先驅；賓士(Carl Benz)汽車之先驅

■ 音樂界的德國名人

■ 巴哈（Johann Sebastian Bach）、華格納（Richard Wagner）、貝多芬（Ludwig van Beethoven）、布拉姆斯（Johannes Brahms）、韓德爾（Georg Friedrich Händel）

■ 運動界的德國名人

- **高爾夫球**：伯納德·蘭格（Bernhard Langer）、馬丁·凱默爾（Martin Kaymer）
- **網球**：史蒂菲·葛拉芙（Steffi Graf）、鮑里斯·貝克（Boris Becker）
- **足球**：法蘭茲·貝肯鮑爾（Franz Anton Beckenbauer）、奧利佛·卡恩（Oliver Rolf Kahn）

■ 政治、宗教界的德國名人

- **現任總理**：奧拉夫·蕭茲
- **前任總理**：安格拉·梅克爾（Angela Merkel）

■ **軍事政治家**：「鐵血宰相」俾斯麥（Otto von Bismarck）

■ **宗教改革者**：馬丁·路德（Martin Luther）

路上觀察　自行車道很普及，別走錯！

　在德國城市裡漫遊，可得注意自己腳下走的是人行道還是自行車道！自行車是汽車之外的國民代步交通工具，因此街上的自行車道規畫得相當完善，連過馬路時的斑馬線行人和自行車都要分開。所以在街上行走或是等紅綠燈時，要避開車道。

德語指指點點

Auf Wiedersehen! 再見	**Das Wetter ist sehr angenehmen.** 天氣很舒適。
Guten Morgen! 早安	**Sprechen Sie English?** 你會說英語嗎？
Guten Tag! 日安	**Grüss Gott!** 日安（南德）	**Können Sie mir bitte helfen?** 你可以幫助我嗎？

Guten Abend! 晚安（見面用）	**Gute Nacht!** 晚安（睡前用）	**Ich hätte gerne / möchte _____.** 我想要有 / 我想要 _____。
Danke! 謝謝	**Danke schön!** 謝謝	Ich spreche nur ein kleines bisschen Deutsch. 我只會說一點德語。
Bitte! 不客氣	**Bitte schön!** 不客氣	**Ich versteht kein Deutsch.** 我不會說 / 聽不懂德語

Mein Name ist _____. 我的名字是 _____。	**Wiewil Uhr ist es / Wie spät ist es?** 現在幾點了？
Ich komme aus Taiwan. 我來自台灣。	**Wie heißen Sie?** 你叫什麼名字？

行前準備
Preparation

出發前，該做哪些準備？

前往德國旅遊，從蒐集資訊到打包行李出發，就是一趟行前的小旅程。德國是個觀光產業很友善的國家，每年迎接全世界無數的遊客，無論是網路或是當地旅遊資訊都很充足。只要出發前做好準備(證件、機票、行程等)， 並掌握季節及節慶活動訊息，一定可以為旅行增添更多樂趣！

蒐集旅遊資訊

善用城市官網、官方APP或是當地旅客中心。

德國觀光資訊在網站上非常地豐富亦完整，然而隨著國際情勢或是氣候影響，一定要再三確認欲前往的景點是否有相關的因應措施的營運異動。同時，查詢中文旅遊資訊來源的可靠性很重要，也要留意網頁的最後更新日期。到了當地，亦可以善用旅客服務中心所提供的簡章服務，為行程安排一些如藝文音樂主題活動等之美麗的小插曲喔！

第一手旅遊資訊

德國國家旅遊局(DZT)

官方旅遊網站，提供德國境內所有藝文、經商貿易、自然景點等活動的最新資訊，有德、英、法、西語。

 www.germany.travel

城市及各景點的官方網站

德國各城市都有自己的官網，查詢時輸入「城市名稱.de」即可（遇特殊字ä、ü、ö則應分別輸入ae、ue、oe）。有些城市甚至會有獨立的「官方旅遊網」，一些地理景點區（如黑森林區）還會有其各自的網站（多個），可以試著多用幾個不同的關鍵字查詢。

德國在台協會

德國在台協會是國人前往德國重要的官方資訊網站。無論是領事簽證事務或是旅遊，都有最新最完整的訊息。另外，德國在台協會更免費提供《德國旅遊手冊》（共140頁），介紹德國詳細的旅遊資訊及景點。

中文旅遊資訊

各大旅行社網站

從台灣各相關旅行社的網頁，可以查詢如機票、簽證、住宿交通的資訊，其團體旅行的行程表，亦可作為自由行規畫的參考。

知名旅遊部落格網站

挑選自己熟悉的部落客之網站，了解其行程規畫及實地參訪後的圖片及資訊分享。

德國的台灣(大學生)社團、群組

駐德國台北代表處的「實用資訊」以及「留學資訊」網頁，可以查詢到在德國當地留學、學術交流網站……等。臉書社團如「德國台灣同學會（論壇）」亦可以多加利用。

當地免費旅遊資訊

機場、火車站

在機場的諮詢服務中心（Information），通常可以詢問從機場到目的地城市的交通方式。大城市的火車站裡會有「旅遊中心」（Reisezentrum），可以購買、訂購車票，或是詢問交通住宿的相關資訊。

旅遊服務中心

旅遊服務中心（Tourist-Information）資訊之完整及規畫之完善並不輸給旅遊書，而且在當地都會是最新版的，現場的旅遊簡章上，僅少數城市可以看得到中文（簡體）的簡章。若對於定時、定點的城市導覽（需付費）有興趣，可以詢問櫃檯。可得到的簡章如：城市地圖（局部，以市中心及觀光景點為主）、地鐵圖、景點介紹，以及其他交通資訊等。

▶ 旅客中心都會有城市紀念品、特色文創商品。以傳統紡織業為名的奧古斯堡，其旅遊中心販售當地製造的布製品

▲ 斯圖加特火車站旁的旅遊服務中心

飯店、旅館的櫃檯服務

在完成入住手續之後，可以詢問櫃檯是否有提供旅遊資訊的服務。有些可以提供地圖或景點簡章，甚至有些飯店會和城市卡（或是在郊區的自然景點區）有合作，提供相關優惠。而若是在青年旅館，則可以看到「免費步行導覽」（Free Walking Tour）的相關訊息。

行家祕技　搜尋當地APP

英語、德語或其他歐洲語言者，可以在Google Play或是Apple Store搜尋是否有當地城市或景點，官方（或私人）開發的相關旅遊景點應用程式，例如DB德國國鐵APP、世界遺產APP（德國有相當多的景點為UNESCO世界文化遺產，「World Heritage-UNESCO List」APP方便旅客查詢）等。

行家祕技　搭城市遊覽車遊熱門景點

每個城市都會有城市遊覽車（又稱Hop on and Hop off，隨上隨下），行經的路線都是最受歡迎的景點。行前可以上網查詢相關的票價、每日的車次還有候車處，以利規畫行程。然而別忘了，每個城市市中心的一般巴士，也都會行經熱門景點，利用一般巴士對於行程會較為彈性。

▲ 杜塞多夫的城市遊覽車

擬定旅行計畫

結合季節、節慶、藝文主題性活動，增添行程的樂趣與驚喜。

旅行德國最佳季節

　　整體來說，夏季最適合遊德國。不過德國的每個季節都有吸引人的地方，就連低溫的冬季，仍有人因為紐倫堡的聖誕節市集而無懼這裡寒冷的天氣前來，只為了喝上一杯Glühwein（德國聖誕節限定香料葡萄酒）。規畫行程時，還是要考量自己對季節的習性及習慣，來決定哪一個季節前往德國。

	春(3、4、5月)	夏(6、7、8月)	秋(9、10、11月)	冬(12、1、2月)
優點	氣溫逐漸回暖，有陽光的日子也比較多。宗教活動節目多	最適合遊德國北部。日照時數長，利於規畫行程。各城市的活動也會因夏季而增加	可以同時享受陽光，又欣賞充滿秋意的自然景觀。一些傳統節日會在秋季舉辦。(如：慕尼黑啤酒節)	11月底開始各城市即有聖誕節市集
缺點	部分地區下雨，氣候變化較大。該季節宗教節日多，許多邦會放長假，商家不營業	夏天氣候乾燥。德國學生旅遊旺季，到處都很多人。交通有時誤點、飯店費用高	氣候開始不穩定。早晚溫差變大。部分景點開放時間開始有異動	日照時數縮短，不利於參觀一些城堡及自然景點

＊製表／時小梅

德國的節慶與假日

　　德國的節慶及假日有分全國性及地區性，以至於各城市放假的狀況不一致。歷史政治性的節日，除了大部分店家不營業之外，像五一勞動節常伴隨的是街頭各處的遊行及小暴動（如柏林）。宗教性節日在特定城市或地區會有許多傳統習俗活動，尤其是二月狂歡節，都是非常值得體驗的日耳曼文化。

　　在德國若是遇上兩個節日相鄰，有些餐廳、店家及診所等，都會安排1～2星期的長假期度假（Urlaub）。通常在4月初的復活節前後、6月上旬、8月底暑假、10月，以及最後的12月聖誕新年假期。因此，除了行前需要考量到德國的長假期，以避開人潮之外，若行程中有規畫一定要去某個特定的餐廳景點，則要記得先上其官網查詢最新的營業及假期資訊，以免向隅。

1月 施瓦本山區蒸汽火車主題之旅

許多地方城市在寒冬仍有活動。

6月 巴符州，施韋比斯哈爾糕點與噴泉節

重現中世紀的音樂及市集生活。

2月 狂歡節

除了科隆之外，德國南部的弗萊堡、羅特韋爾（Rottweil）及其他城市的遊行嘉年華也會陸續登場。

10月 慕尼黑十月啤酒節

9月底至10月初的慕尼黑啤酒盛事。德國南部的其他城市，在10月初也會有類似的啤酒節活動。

6月 巴符州，路德維希堡馬節遊行

12月 紐倫堡聖誕節市集

德國最大的聖誕節市集之一。

德國節慶與假日一覽表

1月	國定假日與特別節慶	說明
1月1日	Neujahr 新年	全國放假
1月6日	Heilige Drei Könige 主顯節	部分邦放假
2月		
2月中下旬	Karneval / Fasching / Fasnet 嘉年華會	西部萊茵河地區重要傳統節慶活動，許多城市會有嘉年華大遊行；東南部施瓦本地區及其他南部城市亦會有遊行慶祝此節日
2月下旬	Berlinale 柏林影展	在柏林波茨坦廣場有影展活動，可欣賞許多電影並有機會一睹巨星風采
4月		
4月上旬或中旬週末	Ostern 復活節	從週五的(Karfreitag)放至隔週一(Ostermontag)
4月中旬至下旬	Frühlingsfest 春季節慶	各地會有迎接春天的文化或民俗活動(Volkfest)
5月		
5月1日	Tag der Arbeit 勞動節	全國放假。柏林及一些城市會有街頭遊行
5月中旬	Christi Himmelfahrt 基督升天日	全國放假
5月下旬或6月上旬	Pfingsten 聖靈降臨節	全國放假。週日(Pfingstsonntag)至週一(Pfingstmontag)連休
6月		
6月上旬或中旬	Fronleichnam 基督聖體聖血節	此節日僅於部分天主教邦州為假日
7月 & 8月		
7〜8月	Sommerferien 學生暑假	許多城市會有舉辦夏季音樂節、港口音樂文化節慶
8月	Maria Himmelfahrt 聖母升天日	僅巴伐利亞州的部分城鎮及薩爾蘭州放假
9月 & 10月		
9月下旬〜10月初	Oktoberfest 10月啤酒節	慕尼黑國際盛事。其他許多城市亦會有啤酒、秋季豐收節(Erntedankfest)等民俗活動
10月3日	Tag der Deutschen Einheit 德國統一日	全國放假。慶祝方式為16邦州輪流為每年的主辦州，於該州首府或是人口最多的城市為活動地點，並為期數日。如2022年的主辦為圖林根州的埃爾福特
10月初	柏林燈光藝術節	燈光藝術節於近年來在德國許多城市都會舉辦
10月31日	宗教改革日	紀念馬丁路德的宗教改革，部分邦州(新教為主)放假
11月		
11月初	Allerheiligen 萬聖節	部分邦州放假。前夕為萬聖夜，各地城市都會有相關的活動(如化妝舞會)
11月底〜12月23或24日	Weihnachtsmarkt 聖誕市集	德語區國家之特色。全國各城市的市集廣場都會於此期間特別裝飾及擺設攤位，聖誕節相關禮品、香料酒及各式小吃都有。大型城市如紐倫堡會另外設至遊樂設施或是其他玩樂項目

行前準備

12月		
12月25、26日	Weihnachten 聖誕節	全國放假
12月31日	Silvester 除夕	全國放假

＊黃色標示為國定假日
＊實用德國假日查詢網站：www.ferienkalender.com

旅行天數規畫

　　在大城市旅行建議安排至少3～4天，中型城市2～3天。同時可以查詢目的城市附近是否有著名的小城鎮或是自然景點區，安排郊區1日遊。因此，在天數的規畫上，建議至少一週的時間。而為了避免大部分的時間都是在城市間搭車通勤，建議以邦為單位做行程上的考量，除非兩個不同州的城市距離很近。另外，若可以接受由A城市入境，B城市出境所產生較高的機票費用，行程還可以更彈性，如從法蘭克福入境，向北玩到柏林或向南到慕尼黑，再由柏林或慕尼黑出境。

適合德國的旅行方式

大城市＋小城市＋郊區1日遊

　　城市行程以舊城區的景點為主，愜意地走在舊城區裡，參觀博物館、教堂等；在郊區或自然景點區，通常會走上很多路，沿途不易找到商店或餐廳，以實用、功能性的穿著打扮為宜，並且隨身要攜帶足夠的簡易餐點或水。夏季需備防曬用品(如太陽眼鏡、防曬油)，冬季則除了準備足夠的保暖衣物之外，日程安排應亦將縮短的日照時數考量在內。

全家親子主題之旅

　　德國是一個親子旅遊非常友善的國家，除了在搭乘火車時6歲以下孩童免費及免車票之外，部分列車會設有孩童專區。景點門票上亦會有家庭票的優惠，在各景點區亦常會看到為小遊客們設置的活動遊樂設施。唯餐廳內的兒童用餐椅的提供並不常見。

主題路線之旅

　　詳見「玩樂篇」P.149。

請注意 德國部分熱門景點(如新天鵝堡)在旅遊旺季有非常多的遊客，建議先上其官網確認是否可預約訂票，以節省現場排隊等候的時間。

▲ 國王湖是熱門景點，售票亭前常常大排長龍

▲ 海量的簡章，除了觀光景點、博物館，也提供了更多樣的文化藝術表演資訊

▲ 羅騰堡小鎮適合1日遊，車站外有當地的觀光地圖及景點資訊

德國基本消費

近年來，全球性的通膨衝擊到了這個歐洲第一經濟大體。然而相較於北歐或是英、法等其他西歐國家，德國的平均物價水準還算相對親民。連鎖超市或藥妝店都是食物、商品定價較低的消費場所，火車站、景點、大型百貨公司之產品定價則相對較高。此外，因水電基本費用的調漲，餐點的費用都比數年前高了1.5～2成。博物館、景點的門票亦都略有調漲。

程的規畫，與欲旅行的城市數目及停留天數的多寡而有所不同。

下表預算以在德國境內鐵路交通（不包含來回機票），停留天數為10天來預估。其他娛樂項目，如博物館、部分教堂、自然景點區門票、文化活動門票等，需另外加。

因應物價通膨，德國政府推出€49的全德交通月票（49-Euro-Ticket），以減輕全民在交通費用上的負擔，觀光客當然也因此受惠，詳細票券使用說明見P.60。

▲ 法蘭克福火車站附近的青年旅舍一晚住宿費大約在€19～45左右，適合背包客

預算準備

旅行預算最大的占比就是交通費和住宿費，其他如玩樂、飲食或是購物，則視個人喜好而會有很大的差別。而交通費和住宿費則又是依個人行

	交通費	住宿費	飲食費	總額
上班族小康預算	約€479 ■德鐵周遊券€329 (連續10天) ■各城市當地的日票 （€15×10日＝€150）	€1,200 (€120×10日) ■中小型旅館	約€500 (€50×10日) ■早餐：麵包店 ■午餐：餐廳 ■晚餐：餐廳	€2,179
背包客預算	約€403 ■德鐵周遊券€253 （一個月任選5天） ■各城市當地的日票 （€15×10日＝€150）	€400 (€40×10日) ■青年旅舍	約€300 (€30×10日) ■早餐：麵包店 ■午餐：餐廳 ■晚餐：自理	€1,103

準備旅行證件

2023年11月起，須申請ETIAS電子旅行授權。

行前準備

護照

第一次出國須向外交部領事事務局辦理普通護照，已持有護照者，若護照即將在半年內過期，亦需重新申請方可出國。辦理護照以本人（年滿14歲）辦理，若委託代理人，則需要本人至戶政事務所辦理「人別確認」，再依據相關手續完成護照申請。新申請或是換發護照有效期皆為10年。申請普通護照需準備的基本文件如下：（詳細資訊以官方公告為主）

■普通護照申請書
■國民身分證正反面影本
■6個月內拍攝之2吋護照證件照（白底彩色照片）

護照這裡辦

外交部領事事務局

外交部除了台北市的本部，在中、南、東、雲嘉地區亦有辦事處。

◀ 在台灣申請普通護照說明

＊資料時有異動，請以官方公布的最新資料為主

簽證

即將實施的「歐盟旅行資訊授權系統」（European Travel Information and Authorisation System，簡稱ETIAS），為「電子旅行授權」（Electronic Travel Authorisation），而非簽證。持有台灣護照者，依然可以免簽證旅行歐洲申根區會員國，等ETIAS上路後，記得在出發前上網申辦並付費，完成後會收到授權通過與否的E-mail通知。

在歐洲入境時，除了護照及相關必要文件，ETIAS授權證明亦將會被一同檢查（ETIAS確切實施日期及相關規定以官方網站公告為主）。

http www.etiasvisa.com

申根簽證國家名單 ▶

申請其他德國簽證

在德國停留3個月以上，才需要視停留目的辦理不同的簽證。簽證申請需先自行將相關文件準備好，到德國在台協會線上預約系統（taipei.diplo.de）預約申請時間。基本上台灣給的簽證是3個月的時間，到了德國當地後，要在所居住城市的Ausländerbehörde（外國人事務處）再次預約申請延簽時間。詳情可參考德國在台協會網站（單國德國長期簽證申請一般須知）。

其他國際證件

ISIC國際學生證

通用於全球超過120個國家的學生證。學生身分的旅人持有ISIC國際學生證在國外旅行時,可享有交通、住宿、購物或飲食等方面的相關優惠,節省許多支出。

國人只要年滿12歲,並且有正式學籍的在校學生身分(暨有效之學生證)即可線上或現場申請辦理ISIC國際學生證一般卡。

另外,ISIC國際學生證亦有悠遊簽帳金融卡的卡別(與銀行有專屬活動時),結合簽帳金融卡的功能。亦適合長期在海外就學的學生使用。

IYTC國際青年證

通行於許多海外國家,以機票或電影觀賞為主要優惠項目,並有和ISIC國際學生證類似的消費特惠。適合非學生身分但未滿31歲的青年辦理。

ITIC國際教師證

適合國內全職的教師申請。在海外旅行消費時,若是ISIC的合作優惠對象,可詢問是否提供ITIC國際教師的優惠折扣。

Youth Hostel(YH)國際青年旅舍卡

主要適用於青年旅舍(Youth Hostel / Jugendherberg / Hostelling International),和一般在市區內的青年旅館(Hostel)不同,青年旅舍通常是接待國內學校的大型團體旅遊,地點通常在郊區而非市區內。使用此卡時,應先確認該青年旅舍為Hostelling International的合作對象。此卡無年齡限制。

◀YH卡在德國需標示有藍色三角型標識(Hostelling International)的青年旅舍才能使用

國際駕照

在德國租車自駕旅行,除了可以享受行程上的彈性及便利,亦可有較多的機會接觸到當地的郊區景色。由台灣所核發的一般普通駕照或國際駕照,可於入境德國後6個月內使用(限小型車駕駛)。在德國時,需同時出示「國際駕照」及「台灣一般普通駕照」方視為有效。申請國際駕照可至各區監理所、站辦理。

貼心 小提醒

一定要辦國際卡證嗎?

ISIC的合作優惠對象是以大城市的餐廳、消費場所為主,小城鎮大多不接受此類國際證件。除非規畫長時間的背包客旅行,可考慮辦理;若只在德國旅行1~2週,則不一定需要這些卡證。許多大城市會有博物館套票、城市卡等主題旅遊卡,在景點、博物館或交通票券亦有許多超值優惠。

國際證件這裡辦

國內目前有「社團法人中華民國國際青年旅舍協會」可付費辦理以下相關國際學生卡證,亦有不同的單位提供代辦(如:劍潭海外青年活動中心、康文文教基金會)。
- YH青年旅舍卡(YH卡 / HI卡)
- ISIC國際學生證
- IYTC國際青年證(非學生身分,30歲以下青年)
- YH團體卡

▲辦理國際青年旅舍卡　　▲申請ISIC / IYTC / ITIC　　▲申領國際駕照

*資料時有異動,請以官方公布的最新資料為主

購買機票

了解自己的行程及航行需求，並仔細閱讀退改票相關規定。

機票及航空公司的選擇是自助旅行時重要的功課之一，除了航班的時間、機艙的服務舒適度之外，機票的退改規定亦為選購機票時重要的考量之一。

如何選購機票

目前多數的航空公司都有推出APP應用程式，方便旅客自行查詢、訂票及劃位等多項服務，應可多加利用。先確定自己的出發及回程日期之後，致電或親自到旅行社詢問及討論，接著選擇自己熟悉的航空公司、適合自己行程的班機或是符合自己預算的機票，最後還可以看看自己手上的信用卡公司是否有和航空公司合作（例如：點數可以兌換里程數等）的優惠，在選購機票時一併考量進去。

◀ 華航行動服務專區

廉價航空

廉價航空主要的市場基本上仍以歐洲線為主，短程距離加上簡易的行李才能真正的享受到廉航帶來的便利。

傳統航空

傳統航空如華航及長榮航空，目前兩家公司都有直飛班機到德國，前者為台北－法蘭克福、後者為台北－慕尼黑。其他的航空公司會在其所屬國家境內轉機；國泰、漢莎航空則會在香港轉機。若是夜晚由亞洲出發，抵達時為歐洲清晨；若是白天由亞洲出發，抵達時為歐洲晚間。

◀ 土耳其航空從台北直飛伊斯坦堡，再由伊斯坦堡飛往德國

行家祕技 實用購票APP：Skyscanner

Skyscanner結合機票、飯店及租車查詢服務及訂購，非常方便，可以多加利用。其他提供機票或訂房等服務的APP還有易遊網、Expedia、ebookers。

貨幣匯兌

歐元現金及信用卡都要隨身攜帶。

現金與信用卡

相較於其他西、北歐國家，德國除了信用卡之外，以現金支付款項仍算是非常地普遍。甚至有些小城鎮及小店家只接受現金，而餐廳僅接受定額以上方可刷卡的情況也很常見。旅行時最好身上備足現金。

部分店家只接受「V Pay」（簽帳卡）或是「girocard」（德國境內金融卡，又稱EC Karte，electronic cash）。若所持信用卡沒有這兩個卡的標示亦不能使用。

◀ 位於法蘭克福歐洲中央銀行前的經典歐元地標

德國換匯地點

銀行

新台幣無法直接在德國銀行換歐元，需以美金或其他可接受的貨幣換匯。各城市之銀行的營業時間均不同，基本上為09:00～13:00及14:00～16:00。前往辦理時，請上網確認各銀行分行的營業時間。

街頭匯兌處

最方便的地方是總火車站，或是市區。街頭亦有匯兌處，但臨時要找並不易，匯率也比較差。

ATM提款機

具有國外提款功能的卡片上會有PLUS或是cirrus的圖樣，到了德國當地，要找有該標示的提款機。此提款方式的缺點為手續費高，且無提供明細表。

現金及信用卡在德國使用的情況

	現金	信用卡／簽帳卡
接受	歐元都接受	購物中心、商店店家、超市、藥妝店都接受。部分在大城市的流動市場攤位也可以刷卡
不接受或特例	極少數的現代化商店(全自動化)不接受現金	麵包店、少數咖啡店、餐廳、部分交通工具(搭船或地方性巴士)；部分餐廳或是超市會有限定額度方可刷卡的規定

行李打包

留意天氣狀況，準備衣著及行李。

穿著準備提醒

德國四季變化明顯，氣候乾燥且日夜溫差大，需要留意。雖然德國室內使用暖器的情況比使用冷氣還普遍，但若行程整天都會在外面或自然觀光景點區，一定要考慮保暖的問題。若是夏、秋季到德國，多層次的穿法加上薄圍巾、外套基本上就足夠；春、冬季則務必帶足保暖衣物。

託運及海關規定

行李限制

每家航空公司的上機手提行李及託運行李的規定不同，而不同的機艙級別或是長、短航線也都有限制，應視個人選擇的航空公司以及機票的票種，查詢符合自己需求的行李託運條件。

海關限制

歐盟海關規定基本上適用於德國海關。主要限制為奶、肉類相關製品；香菸及酒需年滿17歲以上才可攜帶，詳情可至「德國在台協會」官網查詢。

◀ 德國在台協會官網

行李檢查表

✓	物品
重要物品：證件、現金、信用卡和相機等貴重物品，必須隨身攜帶。	
	護照
	機票
	旅遊保險單
	信用卡和提款卡
	現金
	國際駕照、中文駕照
	國際證件
	證件大頭照
個人用品：目前規定100ml以上液膏膠狀物，登機時不能隨身帶，要放行李箱。行動電源禁放託運行李箱。	
	衣服、外套
	正式服裝
	衛生用品、盥洗用品
	化妝品、保養品
	防曬、保溼乳液
	雨具
	個人藥品
	文具用品
	旅遊書、地圖
	3C用品
	萬用插頭、變壓器
	飲用水

＊行動電源電池總電量不得超過160Wh
（約43000mAh，每人限帶2顆）

機場篇
Airport

抵達機場後，如何順利入出境？

從台灣飛往德國，除了華航直飛法蘭克福之外，亦有長榮航空直飛慕尼黑。國
人持電子護照亦可以使用德國機場的EasyPass自動通關系統入出境，旅行德國
越來越方便！

柏林(BER)、法蘭克福(FRA)，及慕尼黑機場(MUC)為國人出入境德國的主要機場。

德國境內的國際機場共有16個，其他區域性的機場大約有20個。在旅遊方面，則是以柏林布蘭登堡機場(BER)、法蘭克福機場(FRA)以及慕尼黑機場(MUC)為國人出入境德國的主要機場。而在德國境內不同城市間旅行亦可選擇搭乘飛機(區域性，如柏林至斯圖加特)，完全都看個人的行程及預算來安排。

德國機場簡介

德國的法蘭克福及慕尼黑兩大機場是歐洲重要的航空樞紐，無論在機場內所提供新穎的設施、免稅購物或是餐廳美食，都是體驗德國風情的第一站。兩座機場規模都不小，出入境時，需要仔細地看清楚沿途的標示，以利快速找到自己要去的方向。

▲ 法蘭克福機場是德國國家航空公司—漢莎航空的樞紐機場

於2022年底正式啟用的「柏林布蘭登堡機場（BER）」取代了已停用的柏林泰戈爾機場，其規模雖小，但是新的機場設施及櫃檯動線設計都很方便，美食購物退稅在這裡亦都有提供。

從台灣到德國

從台北到德國，可以選擇中華航空公司的台北－法蘭克福直飛班機，航行時間約12～16小時，幾乎是每天一班，由台北桃園晚上出發，早上約7點抵達法蘭克福；2022年底起，長榮航空亦有台北－慕尼黑的直飛班機，航行時間約15小時，一樣是台北桃園晚上出發，上午約7點抵達慕尼黑。

另外還可以選擇需要轉機的航空公司，如土耳其航空從台北到德國的班次通常會在伊斯坦堡或是香港轉機，若轉機時間長，亦可以在伊斯坦堡的免稅店購物及咖啡廳休息。在旺季時，其機票有時會比華航的直飛票價便宜一些。

▲ 土耳其航空台北至柏林或慕尼黑班次多，服務品質亦佳

德國入出境步驟

以從法蘭克福國際機場(FRA)入境為例。

入境德國步驟

Step 1 自動通關／傳統入境審查

下機後，沿著「出口」（Ausgang／Exit）指標走。在「非歐盟國民（Non-EU）」的通關窗口前排隊，等候護照簽證檢查，可能會被詢問旅行目的及停留時間等其他問題。若有申請EasyPass德國入境自動通關（詳見P.42），可利用自動通關系統門匣入境。

Step 2 提取行李

沿著「行李提取」（Gepäckausgabe／Baggage Claim）指標前往提取行李。根據自己的班次在資訊看板上找到相對應的行李轉盤的號碼拿行李。

Step 3 海關審查

若有需要報關的物品則需前往紅色標示的出口申報，若無則可走綠色出口。

Step 4 離開機場

沿著機場內的相關指標，如：Ausgang（出口）、City（往市區）、Regionalbahnhof（區域列車火車站，前往該市市區）、Fernbahnhof（長途列車火車站，前往德國其他城市）、Bus／Taxi，或Mietwagen（租車）等，前往搭乘交通工具。

行家祕技　使用德國國鐵周遊券轉乘

若要搭火車從機場前往其他城市，建議先在機場的DB國鐵旅遊服務中心蓋章啟用德國國鐵周遊券(German Rail Pass)。通常現場等候的人很多，記得預留時間，並留意轉搭的火車班次時間。此券僅適用於高鐵、通勤電車(S-Bahn)，若欲轉搭其他區間列車、街車、地鐵或巴士，需另購票。

貼心 小提醒

EasyPass德國自動通關

　　凡持有台灣有效期限6個月以上的電子護照(身高需超過140公分、18歲以上、在台灣警局無不良紀錄者),可於德國機場內的註冊中心辦理註冊,完成後則可以以電子護照使用德國機場(8座,含柏林、法蘭克福及慕尼黑)內的自動通關系統(eGate)。

　　請注意 初次開通需先以傳統通關方式入境德國,才能至第一航廈辦理。開通後有效期限為1年,之後可延長為5年。另有EasyPass-RTP,適用於長期或頻繁出入境德國者,詳情請至官網查詢。

EasyPass 開通辦理步驟

1 Step
至機場的註冊中心(聯邦警察服務中心 BUNDESPOLIZEI)。

2 Step
以英/德文告知要辦理EasyPass,並提供護照。

3 Step
警察會將護照資料輸入電腦,開啟自動通關的功能,並列印出問卷表格。

4 Step
填寫好問卷表格並簽名後,交回給警察即可。問卷有兩面,主要為簡單的個人基本資料以及旅遊訊息。辦理過程大約5分鐘。

▲ 台灣護照封面最下方的圖示,為電子護照的標識

▲ 內政部移民署:國人使用德國自動查驗通關系統 (eGate) 說明

出境德國步驟

Step 1 確認航班資訊

　　回台灣時,先到機場大廳,確認航班資訊(航廈及報到的櫃檯),若要前往第二航廈,需搭SkyLine-Bahn或機場接駁巴士前往。

Step 2 報到劃位

　　找到報到櫃檯人工劃位,也可利用現場的自助報到機辦理。

法蘭克福機場隨處可見不▶同航空公司的自助報到機

Step 3 通過安檢

　　背包及身上所有的電子產品都要特別拿出來放在籃子裡過安檢。

Step 4 到登機門等候登機

　　確認並找到機票上的登機門(Gate)號碼,並前往等候區等待。

貼心 小提醒

報到時請告知是否有商品要退稅

　　退稅方式請詳見購物篇退稅辦法P.129。

■若不辦退稅手續,行李可直接上託運帶。

■若要辦退稅,完成手續後帶著附上行李條的行李,到海關(Zoll)報到,行李由那邊收(手提行李的退稅商品在護照檢查後辦理)。

法蘭克福國際機場
Flughafen Frankfurt am Main(FRA)

法蘭克福國際機場(FRA)是德國最重要的機場。

法蘭克福國際機場是世界上最大也最繁忙的機場之一。共有兩個航廈，第一航廈是德國漢莎航空(Lufthansa)的大本營，還有同屬星空聯盟的新航、泰航，以及德航的國內線與歐洲線的航班。機場對外的鐵路交通樞紐——法蘭克福機場火車站是位於第一航廈。

http www.frankfurt-airport.com

火車至法蘭克福市區或其他城市。SkyLine-Bahn每2～3分鐘一班，營運時間為05:00～23:00。可快速往返兩個航廈。接駁巴士每5～10分鐘一班，24小時營運，停靠站為兩個航廈外的候車處。機場區的停車場亦有巴士站點。

航廈接駁交通

從台灣直飛入境德國通關後，會在第二航廈的D廳，由此搭乘高架輕軌列車（SkyLine-Bahn）或航廈接駁巴士（Bus-Shuttle）前往第一航廈，再搭

法蘭克福機場設施

保特瓶回收機

返國時，若背包裡還有空保特瓶，可以在機場做回收並將€0.25的回收金捐款做善事。

▲ 保特瓶回收機器

機場平面簡圖

The Squaire
購物美食中心

步行約 10 ～ 15 分鐘

DB：長途列車火車站 (Fernbahnhof)：
月台位於 The Squaire 地下樓層。
可在此搭乘 ICE、IC、EC 等列車。

接駁巴士：往返 T1、T2

B
機場第 1 航廈 (T1)
A, Z   C

T1(Level 2)

SkyLine-Bahn：
往返 T1(Level 2)、T2(Level 3)

DB：區間列車火車站 (Regionalbahnhof)
月台在第一航廈地下樓層，1 號月台可搭 S-Bahn(S8 / S9) 前往法蘭克福市區。其他月台尚可搭 RB58 / RE59 / RE2 / RE3 往鄰近城市。

T2(Level 3)

D   **機場第 2 航廈 (T2)**   E

＊圖表中 A、B、C、D、E、Z 為廳。

行李重新打包及秤重

機場大廳提供行李重新打包區，並有機器可以秤行李的重量。

行李服務中心

機場有提供行李寄放（Gepäckaufbewarung）及行李箱包膜（Gepäck-Wrapping）服務，位於第二航廈D廳。包膜一般行李€10（pro normales Gepäck-stück）、特殊行李€15（pro Sperrgepäck，如樂器、滑板等），08:45～17:15營業。在第一航廈B大廳亦有服務站點，是24小時營業。

付費行李推車

機場不再提供免費的行李推車（Gepäckwagen）。先在一旁的收費機器以信用卡支付€1，機器不收現金，接著從軌道將推車拉出，推車不能帶上接駁巴士或SkyLine-Bahn。

▲ 行李推車旁會有收費機器

兌換貨幣

結束德國行程後，若要搭機前往非歐元區的國家，現場可將歐元換成該國家的貨幣。

▲ Travelex

機場看板解析

機場一樓大廳的標示

A.醫務服務 / B.行李存放區 / C.出口證明（退稅）/ D.豪華休息區 / E.洗手間 / F.淋浴間 / G.旅客服務中心（護照、簽證、臨時返國等）/ H.猶太禱告室 / I.其他宗教禱告室 / J.警察 / K.機場服務中心 / L.The Squaire

第二航廈的看板

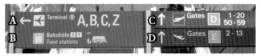

A.往第一航廈的A、B、C、Z大廳 / B.搭接駁巴士往火車站（S為區域性列車車站 / T為長途火車車站）/ C.往D廳登機門 / D.往E廳登機門

🟤 豆知識
法蘭克福機場未來的第三航廈

為了提升機場的容納量，法蘭克福機場旁原本的空軍基地早已被規畫為機場的第三航廈，並且自2015年來一直如火如荼在建造（尚在施工）。SkyLine-Bahn從2022年開始整修，但會因為技術問題而時常停運，請留意現場告示或至官網查詢。

法蘭克福機場火車站

機場篇

　　從法蘭克福機場可搭火車至市區，或德國的其他城市。若是觀光城市即為法蘭克福，入境後直接選擇搭市區通勤電車「S-Bahn」前往該市中心；若是目的地為漢堡、科隆或是其他城市，則要選擇長途列車「ICE或是IC的列車」前往。此兩種列車在機場分別有各自的車站地點，依照以下的步驟搭車就對囉！

搭火車到法蘭克福市區

Step 1 找到「S」的標示

　　搭乘SkyLine到第一航廈之後，找「S」（S Train Stations / Regionalbahnhof）的標示。

▲ 沿著標示前往通往市區的候車月台

Step 2 買票

　　若持有德鐵周遊券，但是還不想在第一日啓用者，也可先在售票機購票。

自動售票機▶

Step 3 搭乘S8或S9

　　搭乘路線S8或是S9，都可以到達市區的法蘭克福火車總站（Frankfurt Hbf）。

▲ S是前往法蘭克福市區的S-Bahn市區通勤電車

Step 4 抵達市區

　　車上會有站名資訊，也有廣播，大約10～20分鐘左右就會抵達法蘭克福中央火車總站。

搭火車到其他城市

　　長途火車車站（Fernbahnhof / Long-distance Trains）位於第一航廈，該站的站名為Frankfurt am Main Flughafen Fernbahnhof，可以從此站搭乘ICE或IC列車，前往德國境內大部分的城市，或是歐洲其他大城。如果持有德國國鐵周遊券，則建議當日可使用一個日期，因爲ICE和IC的車票都不便宜。

▲ 在機場找「T」的標示，前往「法蘭克福機場長途火車站」

柏林布蘭登堡國際機場
Flughafen Berlin Brandenburg Willy Brandt (BER)

目前柏林唯一的一座國際機場。

位於柏林與布蘭登堡邊界，於2020年正式啟用的柏林布蘭登堡機場，不僅取代了原本位於柏林西北方的泰格爾機場，更就地整合及擴建位於布蘭登堡州的舍內菲爾德機場(為第五航廈，目前不開放)，成為柏林目前唯一國際機場，其機場代號為(BER)。

國人到德國旅行，通常會是以轉機的方式到該機場。柏林布蘭登堡機場目前僅開放第一、二航廈。機場內報到櫃檯動線清楚，在2樓有免稅商店及餐廳；退稅在7號櫃檯的711～712窗口。

◀ 柏林布蘭登堡機場交通說明

搭火車 / 巴士到柏林市區

區域性列車(Regionalbahn)

Airport Express（FEX、RE8、RB22、RB23、RB24、RB32），該列車行駛柏林市區及機場第一、二航廈(Flughafen BER -Terminal 1-2)，每小時一班。

通勤電車(S-Bahn)

S9、S45這兩班通勤列車可至柏林市中心多個車站站點，每20分鐘一班。

快速巴士(Expressbusse)

X7、X71兩條路線行駛於機場第一、二航廈至U7地鐵站Rudow站，從Rudow站即可搭乘地鐵前往柏林市區。

豆知識
兩座21世紀停用的柏林機場

身為首都及國際大都會的柏林，曾有多座機場。其中柏林-滕珀爾霍夫機場(Flughafen Berlin-Tempelhof，1923～2008年營運)，曾是西柏林美軍運輸機的基地(即著名的「柏林空中橋梁」Berliner Luftbrücke)。如今機場大樓及內部均已列為文化保護遺產，機場跑道腹地也成為當地居民的休閒公園。

另一座柏林泰戈爾機場(Flughafen Tegel)有特殊的六邊形主航站樓設計，在2020年底已正式停用，後因俄烏戰爭，成為烏克蘭難民的臨時收容中心。

◀ 昔日的柏林泰戈爾機場

機場篇

慕尼黑國際機場
Flughafen München(MUC)

結合當地觀光文化體驗的慕尼黑機場。

此機場為德國第二大機場，同時也是德國漢莎航空(Lufthansa)在德國的第二大樞紐機場。漢莎航空有香港直飛慕尼黑的班機。目前機場第二航廈的衛星樓不僅成為了新的機場景點，更結合了可與法蘭克福機場媲美的購物娛樂。

機場有歐洲、美洲及亞洲線航班，2022年底，長榮航空推出台北－慕尼黑直飛首航，提供每週4個班次，讓國人可以更便利地抵達德國南部觀光重鎮，以及巴伐利亞州其他鄰近城市。

兩路線之班次間隔均為10分鐘，車程則約為40分鐘。另外亦有巴士Lufthansa Express Bus可以從機場前往慕尼黑市中心。該巴士每日行駛，每20分鐘一班，抵達慕尼黑總火車站大約45分鐘。

◀ 慕尼黑市區通勤電車均經過慕尼黑總火車站

從慕尼黑機場入出境

慕尼黑機場出入境審查報關程序與法蘭克福機場相同。此外，該機場亦配合有EasyPass自動通關出入境，持有電子護照並已註冊自動通關系統的國人，可以利用eGate快速出入境。

◀ 慕尼黑機場概覽手冊PDF檔(簡中)

搭車到慕尼黑市區

可在第一、二航廈搭乘通勤電車(S-Bahn)的S1(經西區)或S8(經東區)路線至慕尼黑市區，

搭車到其他城市

慕尼黑機場沒有長途火車站(ICE、EC、IC列車)，均需先到總火車站後再轉車到其他城市。另一個選擇是FlixBus，從機場第二航廈的巴士站21、22搭車，經過第一航廈後，前往其他目的城市(如紐倫堡)。

貼心 小提醒

申請辦理EasyPass

申請辦理EasyPass需到慕尼黑國際機場的聯邦警察服務中心(BUNDESPOLIZEI)，位於第二航廈4樓的4479室，營業時間為06:30～21:00。(申請辦理步驟請見P.42)

機場到市區的其他交通

除了上述前往市區的方式外，也可以租車自駕或搭計程車。

以下介紹在德國租車及計程車搭乘方式，若想要在德國駕車自助旅行，或是在城市內短程想要搭計程車代步，可以多加利用！

網路租車

在德國從各機場到市區的租車服務很多，例如在法蘭克福機場的租車服務中心(Car Rental Center)就有至少10家租車公司提供臨櫃服務。出國前若行程有規畫自助駕車，也可以先在國內先行上網查詢比價，接著預訂車子，Skyscanner可以在不同租車公司的優惠中比價。

除了租車從機場到市區之外，自駕旅行自由的穿梭在德國的城市與鄉間，非常方便。

◀ **Skyscanner**網站租車頁面(繁中)

▲ 從Skyscanner上面可直接連到德國常見的各大租車公司網站

▲ 德國機場及大型火車站都可以看到租車服務中心

網路租車步驟 Step by Step

各家公司租車步驟大同小異，以下以租車網站SIXT(www.sixt.de)為例，完成步驟填寫個人資料及付款程序後，到德國時取車即可。

Step 1 註冊帳號並登入

進入SIXT網站(或下載SIXT APP)，選擇以Google或是Apple的帳號登入，或是註冊新帳號加入會員。登入會員後，方可進行租車。

機場篇

 Step 2 輸入地點與時間

輸入取車地點、取車時間及還車時間。

A.取車地點 / B.取車時間 / C.還車時間

 Step 3 付款

確認租車條件，付款。

A.剛才輸入的條件資料 / B.共有46個優惠車款可租借 / C. 可免費開300公里、冬天適用的輪胎 / D.立即付款：優惠價 格 / E.稍後付款：付較高的費用，可免費取消訂車

貼心小提醒

取、還車注意事項

■**取車需攜帶證件**：護照、國際駕照、台灣 駕照、信用卡(還有要記得訂車代號)

■**取車及還車**：可以在車站、機場及城市內 的3種門市取車，到櫃檯登記後，取鑰匙取 車(記得先檢查車況)；還車時需開回門市。 (每家租車公司取車及還車規定略有不同)

機場／火車站現場租車

　　抵達機場後，在入境大廳附近即可以看得到租 車服務中心（Mietwagen／Car Rental Center），若 是想在德國自駕，而尚未在網站上訂車者，可直 接到租車服務中心租車(英文服務為主)。現場租 車公司有Europcar、Hertz、SiXT及wheego等，可 以在比較一下租車服務及價格。

　　租車時需出示國際、國內駕照以及個人護照證 件，並且告知使用天數及簡單的旅遊資訊，最後 提供信用卡用以付款以及押金的扣退款。出租車 都停在機場區內的停車場，取車方便。退租時， 將車子停在指定的停車處並退回鑰匙即可。取退 車是否一定要在同一地點視各租車公司規定。

　　若不想要在機場拉著行李處理租車手續，法蘭 克福總火車站也有租車服務中心。

▲ 法蘭克福機場第一航廈的 SiXT租車服務中心

▲ 第二航廈的租車服務處在 D廳的入境大廳

▲ 法蘭克福總火車站的租車服務中心外有信箱，可隨時歸 還車鑰匙

計程車

德國的計程車不會滿街跑招攬生意，它們會集中在機場或是火車站附近的一個定點（但是在路邊有看到計程車，亦可以招手攔車）。如果旅行途中需要叫車，可以使用德國叫車APP（或網頁）搜尋在附近的計程車，並且直接訂車。

各城市的計程車的計價費用都會有些不同，但不外乎為「基本費」、「計程」、「計時」3個收費項目的加總。以下表格為簡要的收費方式及價格。各城市的計程車收費標準不同，詳情上網站查詢。

◀ **德國計程車，部分車款的車資會顯示在後照鏡上面**

行家祕技 3款好用的德國計程車APP

在德國用APP叫計程車非常方便，應用程式也很多，以下為4款在德國有好評價的計程車APP：FREE NOW(前身為mytaxi)、Taxi Deutschland、Taxi.de、Taxi.eu。付款方式也非常多元，除了信用卡之外，亦可以使用PayPal等其他支付方式。

▲ FREE NOW

▲ Taxi Deutschland

▲ Taxi.eu

▲ Taxi.de

查詢車費

若想要事先知道可能會產生的車費，可以至Taxi Rechner網站（同時也提供APP下載）輸入城市、起迄點後，查詢車價。該網站包括了其他國家的大城市，德國的小城市可能會沒有，不過可以該小城市同邦的大城市車價作參考。Taxi Rechner也有提供英文版網頁。

http 德文：www.taxi-rechner.de
英文：www.taxi-calculator.com

查詢車費步驟 Step by Step

Step 1 輸入起點、目的地

進入Taxi Rechner網站之後，直接輸入起迄點路名、廣場、火車站、機場等易於辨識的關鍵字，並等待欄位下方出現選單，該選單會提供可選擇的預設好的路名、城市及其郵政編號，以利正確查詢。

Step 2 顯示路線及車資結果

接著螢幕就會顯示路線地圖、車資計算方式、路線規畫以及最後的預計總車資。

 豆知識

Uber在德國「行不行」？

向來做事謹慎又愛用國貨的德國人，對Uber在德國合法上路的關卡是一層又一層。儘管如此，在柏林、杜塞多夫、法蘭克福、漢堡、科隆、斯圖加特、慕尼黑、萊比錫等城市，已經可以使用Uber APP。(行前請再次上該城市的相關網站確認Uber叫車服務的訊息。)

德國境內航空交通

德國境內其他中、小型國際及國內機場

德國一共有38座機場，除了柏林、法蘭克福及慕尼黑之外，尚有科隆／波恩、杜塞多夫、漢堡、漢諾威、斯圖加特，以上這些機場都有配合台灣電子護照自動通關系統。這些機場與其他城市的機場主要以歐洲線或德國境內的航班為主，適合商務旅行或是有其他旅行需求，要在短時間內往返不同城市或其他國家的行程。

德國重要城市機場

漢諾威 Hannover

機場位於城市北方，可以於第三航廈搭乘S5至漢諾威市中心，時間約18分鐘。

漢堡 Hamburg

從機場可於第1、2航廈搭乘S1至漢堡市中心，時間約25分鐘，每10分鐘就有一班車。

杜塞多夫 Düsseldorf

該機場位於鐵路主線上，從機場的Düsseldorf Flughafen Terminal站可以搭乘S11線前往市區；或是搭Sky Train到火車Düsseldorf Flughafen站，再轉車到市區。

紐倫堡 Nürnburg

在機場搭乘地鐵U2線可以至紐倫堡市中心，時間約12分鐘。

萊比錫 Leipzig

萊比錫機場（Flughafen Leipzig/Halle）旁即是可通往市區或其他城市（長途IC列車）的火車站。搭通勤電車S5可到萊比錫市區，時間約14分鐘。

斯圖加特 Stuttgart

從機場搭乘S2或S3可以在30分鐘內抵達市中心；或是在航廈對面的地鐵車站，搭乘U6亦可抵達斯圖加特市中心。

科隆 Köln ／ 波昂 Bonn

從機場可搭乘S19或是區域性列車RE27至科隆市中心。

▲ 科隆機場現場的動線標示都清楚

交通篇
Transportation

德國走透透，該用什麼交通工具？

德國交通工具的種類多元化，準時快捷又方便。連接鄰國及城市之間有ICE高速列車、區域性的火車及長途巴士，城市內則有通勤電車、地鐵及巴士。如何才能省時又省錢地買對一張適合自己行程的車票，事前功課不能少，本篇主要介紹德國鐵路系統以及城市之間的交通方式。

德國鐵路系統

德國鐵路系統在各邦州的站點通達性高，非常適合自助旅行。

德國全國境內的鐵路網各區分布密集及平均在邦州。在各州首府城市之間主要以城際列車及城際快車(ICE／IC)相連。區域性列車(RE／RB)主要通達大城市及其鄰近周圍的郊區城市，區域性交通公司的列車會有不同的代號。在大都會區內除了上述列車之外，還會有通勤電車(S-Bahn)以密集的班次快速地通達都會區內的各城市，有些城市內會有地鐵(U-Bahn)。中、小型城市則以街車(Straßenbahn)及巴士為主要交通工具。

本章將先介紹城際快車、城際列車、區域性列車、其他旅行觀光景點時會使用的交通工具，以及從德國搭車至歐洲鄰國的跨國列車。旅行城市市區內的交通工具(S-Bahn、U-Bahn、Straßenbahn、Bus)詳見P.80。

▲漢堡火車站

行家祕技 　**鐵道迷必參訪**

位於紐倫堡城市的「DB鐵道博物館」，收藏及記載了德國百年來的火車、鐵路發展史。館內豐富多樣的火車頭模型，讓人隨著鐵道史的演進穿梭在德國不同的時空裡。館內另有規畫兒童玩樂主題區，小朋友們可以在裡面體驗許多不同車款的體驗，從車長室到頭等艙，主題區內的模擬月台，讓小朋友從小就學習如何搭火車。現場更有定時的小列車，帶著小朋友在不同的小場境裡穿梭，新奇又有趣。

🌐 www.dbmuseum.de
✉ Lessingstraße 6, D-90443 Nürnberg
📞 0800 32687386
🕐 週二～五09:00～17:00；週六、日、節日10:00　～18:00
⛔ 週一
💲 成人€9、家庭票(2大人+4小孩)€18、優惠票€7
➡ 搭U2或U3至Operhaus站下車，Operhaus左邊即為Lessingstrße；搭S1、S2至Nürnberg-Steinbühl站，步行約900公尺
🔲 停留時間：2～3小時

▲DB鐵道博物館

▲館內陳列歷代具代表性的火車模型

城際快車ICE

城際快車（Intercity-Express，ICE）是德國的高速列車，屬於長途列車（Fernverkehrszug）。主要行駛行於境內各大城市之間，如柏林－法蘭克福、柏林－慕尼黑、法蘭克福－科隆－漢諾威等。從柏林或是慕尼黑也有班次開往東歐國家如波蘭、奧地利；從法蘭克福或是斯圖加特則是可以再往西歐國家如法國或是盧森堡；向北則是從漢堡到丹麥的哥本哈根。

車款

城際快車目前有ICE1～4的車款，ICE1是最早的車款，至今都還有運行；ICE2主要以雙軌列車為特色；ICE3將時速從前車款的280公里／小時提升到了最高時速330公里／小時，其中ICE3還有2022年的ICE3neo新款，提供了座位上方電子訂位狀況燈示。ICE4於2017年開始運行，強調舒適度和環保理念為主，特色在於其較高的載客量，2021年的13-Teiler車款最高提供918席乘客座位。

另外還有ICE-T車款，其特色是適合地勢較陡或斜的鐵道，在哈勒／萊比錫－埃爾福特以及法蘭克福－維也納（直達）路線區段都可以看到其蹤跡。城際快車的車廂設備及座位舒適度都很不錯，能為長途旅行帶來較好的乘車品質。

ICE Sprinter

德國國鐵近年推出ICE-Sprinter車次，特色在於停靠站極少或兩站點直達車，將原本ICE路段所需的時程再縮短，境內大城市如柏林、漢堡、法蘭克福及慕尼黑等路段的車程，都因此大幅縮短許多，如柏林到慕尼黑只要4小時。熱門車次如柏林到法蘭克福或是慕尼黑。非常適合預計在德國大城市之間穿梭遊玩的旅人。所有ICE及ICE Sprinter有行經的城市可於DB國鐵官網上查詢。

▲ 德國國鐵列車運行路線圖(Streckenkarten & Linienetzpläne)

▲ ICE Sprinter路線資訊

貼心 小提醒

長途交通列車Fernverkehrzug

德國的長途交通列車指的是國際及城際列車。德國國鐵火車優惠票券如「邦州日票」、「跨邦州日票」或「城市日票」都只適用於區間列車、通勤電車(S-Bahn)、地鐵(U-Bahn)，以及地區性及市區巴士。這些優惠票券均無法搭乘長途交通列車。

*註：國際及城際列車代號：ICE、ICE Sprinter、TGV、IC、EC、D-Zug、EN(EuroNight)

▲ 城際快車ICE適用德國國鐵周遊券

▲ ICE3車款以其運行時速為特色

行家祕技 火車代號FLX！舒適快速又經濟實惠的選擇

在德國國鐵網站查詢車次時，有時會出現火車代號FLX。這即是德國FLIX BUS客運公司旗下的FlixTrain火車。FlixTrain在推出後非常受歡迎，行駛及停靠的路線都是商業、觀光重點城市，並取代許多DB國鐵不易連結(要轉很多次車)的路段，在票價上也比DB國鐵便宜許多。需要注意的是選擇FlixTrain的車次，車票需要另外到FlixBus的網站購買，所有德國國鐵的票種均不適用。

▲ FlixTrain－Alle Zugverbingungen und Fahrpläne
(FlixTrain所有路線資訊)

▲ 查詢德國國鐵車次亦會將FlixTrain的班次列出

▲ FlixTrain火車可以在許多大火車站看得到，車廂內亦有傳統的包廂座位

城際列車IC

在城際快車之前，城際列車(Intercity，IC)早在德國境內及其他歐洲鄰國城市營運了快半個世紀。城際列車停靠的站點因此比城際快車來得多，尤其是在北德的沿海城市以及南部的山區景點、博登湖等。城際列車目前有IC 1及IC 2兩個車款，兩列車的時速是200公里／小時。後者有提供雙層座位的車廂。

上網查詢列車及訂火車票時，只要選擇起迄城市即可，搜尋結果會自動顯示兩城市之間可搭乘的列車。

區域性列車

由DB德國國鐵所營運的區域性列車主要分為：IR(Interregio)、IRE(Interregio-Express)、RE(Regional Express)、RB(Regional Bahn)，其他在不同邦可能會看到的ME、ALX、BRB等代號，基本上都是非DB德國國鐵營運的區域性列車。

這些列車和高速城際列車系車(ICE／IC／EC)不同地方在於：1.票價較優惠、2.地區性的站點普及率高、3.大部分票種都適用。(有些邦票或是DB國鐵特惠票，不能搭ICE／IC／EC的車種)。德國各邦都還會有不同的營運公司及代稱，如巴伐利亞邦(Bayern)的Alex列車。

區域性列車除了單邦州內通達性高，同時亦會以都會區(如魯爾河、萊茵河)／郡縣／地理區域等劃分行駛範圍，而跨州運行。另外，位於德國與鄰國邊境的城市，也有區域性列車或鄰國列車每日跨國行駛。旅行前先大致了解該城市所屬邦州之區域列車的行駛範圍，可以提高行程規畫的彈性。

主要區域性列車

車種	IRE(Interregio-Express) 區際快車	RE(Regional Express) 區間快車	RB(Regional Bahn) 區間列車
特色	僅營運少數幾個邦(如柏林、巴登-符騰邦)	行駛路線及車次多，有跨邦州及跨鄰國行駛	

▲ 巴登－符騰堡州的區域性列車

▲ 巴伐利亞邦(Bayern)的Alex列車(代號ALX)，此列車也有到達捷克布拉格

▲ 區域性列車車廂內座位

▲ 薩克森州的區域性列車

行家祕技 區域性列車都長得不一樣，怎麼辨別？

在德國搭火車，不一定要去認識每一家的鐵路營運公司。用DB德國國鐵APP訂票，會根據使用者輸入的起迄站及時間等資訊，將所有符合搜尋條件的列車都列出來。接著只要記得要搭車的「班次代號」及相關資訊，在月台時再次確認列車資訊即可。

▲ 搭車前，只要確認月台上的進站列車電子看板，以及車廂側邊的車次資訊是相符的即可

貼心 小提醒

近程交通列車有哪些？

近程交通列車(Nahverkehrszug)的火車代號有IRE、RE、RB、S-Bahn。這些列車是持有邦州及城市日、週票及城市歡迎卡，可以搭乘的交通工具。

列車上的設備

一般來說，德國區域性列車的車況維護得都算不錯，不過偶爾也有差強人意的時候，少數新款的車子有提供插座充電。以下介紹巴伐利亞邦的agilis區域性列車車上的設備。

▲agilis區域性列車

▲洗手間門的開關為按鈕式

▲部分座位旁附有插座

▲頭等車廂舒適的座位

路上觀察 *Bahn und Fahrrad* 和愛車一同旅行

德國當地人很喜歡利用假日到郊外騎單車，享受大自然！因此在德國搭火車(尤其是RE、RB或是S-Bahn)都可看到有幾個車廂是專門提供帶自行車的乘客使用的。上火車時別忘了，這種車廂是帶自行車的乘客優先使用哦！

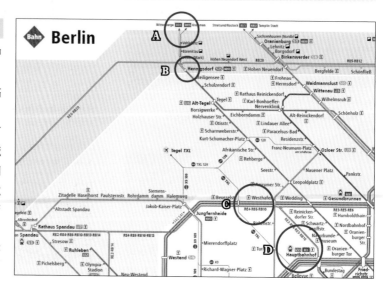
▲帶自行車也要幫它買票才能搭車。車廂內有上圖這種折疊椅座位的通常就是提供攜帶自行車或是大件行李的乘客使用。不過在圖中的黃色區線內則還是要盡量空出來以利其他乘客通行

RE／RB行駛路線

RE／RB的路線除了市中心，通常會開到市區之外，在市區交通圖上看不到各站名(或根本看不到其路線)，若有需要搭乘，則可上DB官網，或直接輸入關鍵字「城市+車次代號+Fahrplan」(如Berlin re6 fahrplan)，通常就可以搜尋到該列車的班次資訊了。

A.RE/RB就是走市區內地鐵走不到的郊區 / B.地鐵終點站 / C.RE/RB路線 / D.柏林總火車站

跨國列車

搭乘IC、EC火車，從德國出發，在歐洲跨國旅行。

主要的歐洲跨國列車

除了德國的城際快車及城際列車有行駛至鄰國之外，還有歐洲城列車EC（EuroCity）以及銳捷列車（ÖBB Railjet）及其他列車運行至歐洲各國。各列車視其主要的營運公司國別，有主要的路線方向（東歐、西歐或南歐），進行跨國旅行時，可以特別留意一下。

▲ ÖBB Railjet主要運行於德奧瑞及東歐國家地區

以西北歐國家為主

前往西、北歐國家如法國、荷比盧等國，有TGV法國高速列車、SNFC法國國家鐵路火車、THA西北高速列車等。這些列車主要會在德國西北部城市如科隆、杜塞多夫等出發或抵達。

以中、南歐國家為主

前往格奧瑞等德語區國家，有IC、EC、奧地利聯邦鐵路ÖBB，以及瑞士聯邦鐵路ICN火車。德國南部有慕尼黑為站點，除了開往維也納，還可從維也納轉車至布達佩斯。往義大利城市也有火車行駛，德國境內如斯圖加特、慕尼黑都有列車開往義大利。

行家祕技 ÖBB nightjet 歐洲夜車

由奧地利聯邦國鐵所營運的夜間火車ÖBB Nightjet主要營運德語區國家境內，以及鄰近國家，西至法國(巴黎)、北至瑞典(斯德哥爾摩)、東至波蘭(華沙)、南至義大利(羅馬)。列車均為夜間班次，車廂內則有分坐式、傾躺式和睡鋪3款，並由此區分3種不同價位。適合中、長途旅程的規畫。

◀ ÖBB nightjet Reiseziele(夜車行經之所有城市)

購票及搭火車

購票及訂位可分開進行，月台列車到站資訊明確，上車後才驗票。

旅 行德國，最重要的就是買到適合自己所有行程並且最優惠的票種。除了國人最常使用的歐洲通行火車票券及德國火車通行票券之外，德國境內亦有許多不同的火車及市區內大眾運輸系統的優惠票券，其優惠方式、適用邦州、車種、時效性等都大不相同。

適用於德國國鐵的火車票有很多種，主要分為以下幾類：

■ German Rail Pass德國國鐵周遊券
■ DB德國國鐵火車票(一般、週間優惠、週末優惠、邦票及其他團體優惠票)
■ Eurail Pass歐洲鐵路周遊券
■ 適用之地區性(城市)月票或一般票
■ 其他

貼心 小提醒

DB德國國鐵新網站

德國國鐵已推出新的官網及APP(Next-DB-Navigator APP)，以提供更佳的查詢訂票操作介面。目前正值新舊網頁和APP的過渡時期，兩者仍可以互用。日後將以新網站及APP為主。

http next.bahn.de

行家祕技 49歐元全德月票

2022年DB德國國鐵在6、7、8這3個月推出的「9歐元全德月票」(9-Euro-Ticket)廣受好評，此史無前例的優惠票種吸引了國內外無數的民眾及觀光旅客一起使用這超值的月票。暑假結束後，德國政府開始認真籌畫「全德月票」概念的方案，以回應廣大民眾的需求。最後「49歐元全德月票」(49-Euro-Ticket, Deutschlandticket)因應而生。

訂購方式為網路或手機APP。該票種是以記名月制或年制的方式販售，不提供售票機或現場購買。付款方式接受giropay、PayPal以及SEPA Lastschrift帳戶扣款，或者是約定的德國信用卡。

◀ Deutschlandticket官網

▲ 2022年暑期限定的9歐元全德月票

▲ 非旅遊旺季及尖峰時段，車廂內通常都會有空的座位。若只是搭短程距離，不一定要訂位，只要看到有位置就可以坐

▲ 德國國鐵自動售票機

德國國鐵周遊券

　　德國國鐵周遊券（German Rail Pass）屬於歐洲鐵路周遊券的一種，也就是單一國家的周遊券，適合行程只在德國境內的旅客，視個人行程需求，以優惠的價格預先購買好的通票。該票券可以搭乘德國境內所有的DB德國國鐵的火車車種（包括ICE）。但不一定適用於所有城市內的大眾運輸工具（視營運公司是否有和DB國鐵合作）。最新票價及更多票券使用方式可以至DBB國鐵的官方網站查詢。

票券特色

■可選擇「連續N天」或是「1個月內任選N天」使用。

■首日使用需臨櫃或用APP（Eurail Pass Planner）開通。

■省去現場購票之不便。

■一天內不限車程、車種搭乘，可另行選擇是否訂位（付費）。

其他優惠

■青年票（12～17歲）、兩人同行（須全程）有更便宜的優惠。

■每位大人可免費帶2位6～11歲的小孩同行。

■部分路線可前往特定的鄰國城市：如Brüssel、Innsbruck、Verona、Bologna和Venice。

■28歲以下購票有優惠。

■部分城市可享有博物館及景點優惠。需先持票券至該城市的旅客服務中心（Tourist Information）索取折價優惠券。

購買方式

■可向國內歐洲旅行票務公司（建議於行前2～3星期預訂）。

■直接向Eurail Pass公司網路訂購票券，可從Eurail Pass的APP下載開通，或是透過郵務寄送。

■從DB德國國鐵官網（dbregio-shop.de）訂購。

▲ Eurail—Get the Rail Planner APP（下載後可購票）

▲ DB—German Rail Pass（需要先登記成為dbregio-shop.de的會員）

◀ DB—German Rail pass官網：費用、路線及使用說明

German Rail Pass 解析

圖片提供 / 林晃如

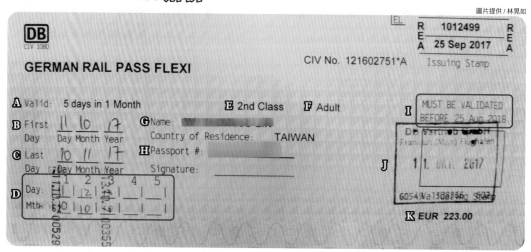

A.有效票種：1個月內任選5天 / **B.**啟用日期 / **C.**結束日期 / **D.**任選5日各別的日期，使用當日再填上即可 / **E.**二等車廂 / **F.**成人 / **G.**姓名會在開票時打印好 / **H.**護照號碼需自行填寫 / **I.**購買後，須於此日期前啟用 / **J.**啟用章 / **K.**票券金額

邦州日票及跨州邦票

　　在德國單一邦州旅行期間，若是規畫鄰近小城鎮或自然景點區的1日遊，建議選擇優惠又彈性高的邦州日票（Länder-Tickets）。然而若是想要去的城市正好屬於另一個邦州，則應考慮跨州邦票（Quer-durchs-Land-Ticket）作為1日遊的票種選擇。這兩種日票非常適合5人以下的團體一同旅行，分攤後每人要支付的費用有時會比城市日票還便宜。然而其適用時段及車種，以及是否通用於市區內的地鐵、街車或巴士的規定，每個邦州都不一樣。

　　於DB德國國鐵自動售票機購票時，該票種屬於「Gesamtangebot」（所有優惠票）項目，或是在螢幕主畫面時即可看到「當地邦州名稱＋Ticket」的選項。

▲ 各類不同的邦票，價格之優惠及使用上之彈性（如邦票可適用於當日市區交通），吸引力不輸給德鐵周遊券。票券下方的五格線，即是團體乘客簽名處

A.個人邦票 / **B.**團體邦票及跨州邦票

交通篇

行家祕技 歐洲鐵路周遊券Eurail Pass

適合短期內(如1個月)於歐洲33國旅遊的行程票券，該票券一樣有分為連續N天或是一個月內選N天的優惠方案。可以搭乘歐洲境內有合作的國家鐵路的任何車種。

◀ Klook網站最新教學「歐洲火車通行證攻略」

貼心 小提醒

一定要買日票或優惠票券嗎？

查詢票價優惠方案需要許多時間和精力，但可藉此了解當地的交通系統，及不同的地理區域劃分，藉此學習當地人對於「交通」方面的思維模式也是一種樂趣。不過，旅行時若只想輕鬆地玩樂，省去繁瑣的行前準備功課，所有票券亦都可現場用原價購買。

行家祕技 DB德國國鐵更多日票優惠

在德國與其他鄰國邊境的城市旅行，比如說西部德法邊境的萊茵內卡河區、薩爾蘭州，亦可以藉由地利之便買到跨德法兩國之優惠票券。當然，這類票種適合旅行的兩個目的城市正好位於兩國的邊境地區(如Saar-Elsass-Ticket)。其他優惠方案如3個邦州合票或是城市加自然景點郊區的套票，在官網上都有詳盡介紹。

◀ Länder-Tickets und weitere regionale Angebote(邦州日票及其他更多優惠票)

▼ 停靠於德法邊境城市，法國維桑堡車站(Wissembourg)的SNCF法國列車

	邦票 Länder-Tickets	跨州邦票 Quer-durchs-Land-Ticket	週末票 Schönes-Wochenende-Ticket
1人基本票價	€25起	€44起	€40起
優點	包含當日該邦的市區所有交通搭乘	適合使用在距離較遠的兩邦。可使用於市區地鐵、輕軌電車及巴士	在週末使用。可以使用於市區地鐵、輕軌電車及巴士。
缺點	不能跨區。各邦規定都會略有不同		週間不能使用
使用時間	單張限單日使用 週一、二、三、四、五 09:00～03:00(次日) 週六、日(或節日) 00:00～03:00(次日)		單張限單日使用 週六、日 00:00～03:00(次日)
適用地區範圍	單邦	德國全境	德國全境
團體票	團體票價視各邦州而有所不同	有	有
使用方式	■所有乘客均需在卡片上簽上護照英文姓名，以便驗證身分 ■團體票人員需全程同行 ■此類邦票，通常都不能搭ICE/IC/EC 等列車，並且只適合搭二等車廂 ■有些邦票可免費攜帶小孩，在購票時會有選項出現		

＊資料時有異動，請以官方公布的最新資料為主
＊原週末票(Schöneswochenede／Wochenendeticket)已於 2019 年底停售
＊可能會有極少部分鄉市鎮的私人交通工具營運公司未與 DB 德國國鐵合作而不接受的情況

城市日票 / 週票

　　城市日票適合於單日只在市區內或是鄰近郊區內活動的行程。日票通常還會再分區計價，若整天的行程只在市中心內活動，票價會比去外圍郊區便宜許多。另外，日票也分為1、3、5日的日票、週末票以及一週週票（適用範圍區域是固定的）。這些都可以視個人行程規畫去選擇。

景點區日票

　　部分以自然景點區為主要觀光熱點的城市或邦州，通常會有跨邦州或跨國界的區域日票，如位於薩克森州，VVO交通營運公司推出的易北－拉北票（Elbe-Labe Ticket），適用於跨德國和捷克的薩克森小瑞士國家公園以及位於捷克邊境自然保護區內的城市。

▲ 日票、週票以及郊區景點區日票都可以在市區車站的自動售票機購買

◀ 萊茵內卡地區跨州日票

▲ 德勒斯登市區Elbe-Labe日票（可至薩克森瑞士國家公園）。事前先了解日票的適用方式，可以節省當日搭乘不同車種買票上的麻煩，價格也較優惠

圖林根州城市日票 ▶

其他交通票

　　在自然國家公園、湖泊景點、大河流流經的城市，又或者是山區城鎮的地方旅行，搭船遊湖渡河或是搭車上山都是很普遍的活動項目。然而這些票券的營運公司都不同，即便有了上述的日票在手，仍需另外購票。

▲ 弗萊堡肖恩英斯蘭山區纜車車票

◀ 博登湖旁的BSB船運公司，客船行經沿岸城市及購票處

購票方式

購買DB德國國鐵火車票的方式有許多種，目前以手機APP及網路訂票為最普遍，另外，在中、大型火車站的旅遊中心可以臨櫃以現金或信用卡購票，車站內及月台上的自動售票機亦可輕鬆購票。

DB Navigator APP

DB Navigator是DB德國國鐵的訂票系統，其查詢及訂票的功能，不僅向外結合了跨國鐵路路線，境內小城鎮的巴士站點也都可以搜尋得到。購票時，必需要有DB德國國鐵的會員帳密，登入後才能結合付款平台並完成訂票作業。訂票步驟詳見P.67。

◀ **DB國鐵所有的APP；或直接搜尋 Next DB Navigator下載**

網路訂票

只要有了DB德國國鐵的會員帳密，就可以使用手機或電腦平板的網路頁面完成訂票作業。無論是應用程式或網站，操作起來都很方便。電子車票選擇用Handy-Ticket（QR Code）或Online-Ticket（PDF檔）皆可。

網路購票取得的 ▶ Online-Ticket

將Online Ticket下載成 Handyticket

行家祕技

建議用手機訂票，直接在手機APP上取得Handy-Ticket(QR Code)，以便在當地搭車驗票。若透過電腦上網訂票，亦可利用Ticket Auftragsnummer功能，將車票下載到手機存成Handy-Ticket。

■ 在網站上選好班次及票種後，點選電子車票Digitales Ticket，並且完成付款手續。

■ 付款完成後，車票通常會直接寄到指定的電子信箱，完成頁面上同時會有6位英數字的「訂票代號」(Auftragsnummer)。

■ 打開手機的DB Navigator APP，在主選單選擇Meine Tickets。進入後，點選右上角的「＋」符號，在Ticket hinzufügen下方輸入訂票代號(Auftragsnummer)及乘車者的姓氏(Nachname des Reisenden)，接著按hinzufügen，從網頁上訂的車票就會成功下載到手機裡。

自動售票機購票

　　若在德國的鄉間小城鎮，火車站內無設置服務櫃檯或是其營業時間已過（假日部分車站櫃檯會休息），臨時又無法網路訂票的時候，自動售票機就很方便。訂票過程中會有許多細項要選擇，例如是否有帶寵物、自行車、是否有小孩同行……等，記得多預留一些時間。

A.觸控式螢幕 / B.投幣口 / C.信用卡插入口 / D.紙鈔送入口 / E.退鈔口 / F.EC-卡或信用卡若需要輸入密碼時鍵盤 / G.取票及找零區

現場購票

　　現場購票請直接說明乘車日期（當日或預購）、時間及起迄站，以利售票員查詢車次時間。可現金或信用卡付款。遇到旅遊旺季、節日、尖峰時間，旅遊中心通常會大排長龍，需要抽號碼牌。

行家祕技　**購票小幫手**

什麼是Sparpreis、Flexpreis？

　　目前火車票券第一階段的優惠分為Super Sparpreis、Sparpreis、Flexpreis，以及Flexpreis Plus，票價分別由最低至最高，而票券的使用限制則由多至少。其差別主要在於是否有訂位(Sitzplatz)、能否退票(Storno)、是否包含城市交通票(City-Ticket)、是否限定車次(Zugwahl)等。

▲訂票時，每個班次都會出現4種不同的票價

什麼是BahnCard 25、50、100？

　　BahnCard25、50、100是火車票券的第二階段優惠(搜尋車次時即應先選擇是否有BahnCard)，將根據所選不同的卡別，再針對上述的Sparpreis、Flexpreis給予不同的折扣。會長期在德國通勤的旅客，才建議購買這張火車折扣卡，若為短期自助旅行，可視需求選購但非必要。此卡有效期限為一年。期間購買火車票，都可以享有25%(75折)、50%(半價)，或是100%(免費)的優惠。

◀ DB-Ticket & Angebot (Spar- und Flexpreise、BahnCard)

＊ DB 國鐵的購票操作介面常更新，不同手機系統操作介面亦略有不同，操作時請留意訂購順序、重點選單，以及各選項的單字。

交通篇

另外的優惠，訂票時可以查看

「27歲以下的乘客」、「夜車班次」亦均有另外的優惠，訂票時可以特別查看。

DB Navigator APP 訂票步驟 Step by Step

Step 1　下載APP

在網頁下方選擇要下載的平台（App Store／Google Play／AppGallery）。下載後，申請DB德國國鐵會員，取得帳號及密碼，並且登入系統。

Step 2　搜尋班次

在主選單選擇Reiseauskunft，輸入搜尋條件（時間、地點）後，按下Suchen搜尋。隨後會出現符合的班次。

Step 3　選擇優惠票種

選擇欲訂購的班次，按下Zur Angebots-auswahl，決定優惠票種（見「購票小幫手」，P.66），接著選Weiter zur Buchung繼續訂票。

Step 4　勾選預訂詳情

Reisende Person：乘客（本人或是代訂）；Sitzplatzreservierung：是否加價訂位；City mobil-Ticket：是否添購目的城市市區內的大眾運輸交通票。勾選後按Weiter繼續。

Step 5　選擇付款方式

可選擇信用卡付款（Kreditkarte），下方勾選是否使用折扣券（Gutschein und eCoupons），或是是否要集點數（BahnBonus Punkte）。接著按Weiter繼續並輸入信用卡資料。

Step 6　購買完成

付款完後，回到Reiseauskunft畫面，剛才購買的車票會出現在首頁這裡。點入後，即是可以提供驗票的Handy-Ticket。

如何訂位

訂購德國國鐵火車票(包含德國國鐵周遊券)，一般都是無劃位的，訂位(Sitzplatz)均需另外付費劃位。在平日或是非旺季，火車上有空位就可以直接入座，只有1等車廂一律需另行加價及劃位。可依照自身需求，或根據季節(暑假旺季、重要節慶)等狀況自行決定是否訂位。

官網訂位

在DB德國國鐵官網首頁，可以跳過購票流程，直接進入訂位的操作介面(點按Nur Sitzplatz, kein Ticket)，方便已經持有周遊券或是其他日票的旅客訂位。

手機APP訂位

Step 1 下載與搜尋

執行DB Navigator APP訂票教學的Step1～3（P.67），在Step 3（Zur Angebotsauswahl）階段，在各種優惠選項最下方的Weitere Produkte位置，選擇Nur Sitzplatzreservierung(僅限座位預訂)。

Step 2 座位預訂

在這一步（Buchungsoptionen）有3個訂位需求需要選擇，都確認後再按Weiter。車廂種類（Abteilart）：隨意（beliebig）、大車廂（Großraum）、大車廂附桌子（Großraum mit Tisch Abteil）；座位位置（Platzlage）：隨意（beliebig）、靠窗（Fenster）、靠走道(目前可提供)Gang（sorfern verfügbar）；車廂區域（Bereich）：隨意（beliebig）、手機區（Handybereich）、安靜區（Ruhebereich）。

Step 3 付費

執確認訂位資訊無誤並完成付款後，即訂位成功。

自動售票機訂位

選擇機器螢幕上的Gesamtangebot，進入這個畫面後，點選Platzreservierungen。

如何搭火車

除了訂火車票外,在火車站找到月台搭對車也是一種挑戰。大城市的總火車站如柏林、法蘭克福及慕尼黑,都是將長途及短程列車甚至地鐵的月台,以不同樓層的方式整合在一起。現場動線之複雜,總會讓人在搭車前心驚膽戰。因此在大城市搭車、轉車一定要預留足夠的時間,提早抵達火車站。

搭火車步驟 Step by Step

Step 1 確認電子時刻表

至火車站大廳確認最新的車次時間及乘車月台,近年來,火車誤點、取消或是改換月台的狀況不算少見,應以現場的資訊為主。

Step 2 抵達月台及候車區

抵達月台後,若是搭乘ICE / IC / EC的長途列車,可以先看月台上的車廂配置圖(Wagenreihungsplan),根據自己的座位(有訂位)找到候車區。搭乘其他列車(無訂位)則可以在適當的候車區等車即可。

A.發車時間 / B.車次 / C.經過 / D.列車目的地 / E.發車月台 / F.誤點、停駛相關資訊

Step 3 留意車廂內資訊

上車後,可以透過車廂內的車次電子螢幕再次確認是否搭對車、是否在正確的等級 / 車廂……等。有訂位的話,則應找到正確的座位入座。

月台列車資訊

A.即將到站列車 / B.月台 / C.經過 / D.目的地 / E.開車時間 / F.車次 / G.接下來兩班到站的列車 / H.發車時間 / I.車次 / J.從Stuttgart過來的車次

車廂配置圖

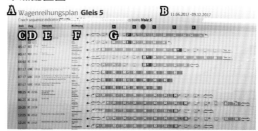

A.第5月台到站列車之車廂配置圖 / B.日期 / C.發車時間 / D.車次 / E.備註:每週營運日 / F.方向及會經過之大站 / G.月台候車之區段

車廂類別說明

A.車種說明 / B.一等車廂 / C.二等車廂 / D.一等車廂餐車 / E.二等車廂臥鋪 / F.二等車廂餐車 / G.一般餐車 / H.其他車廂

車廂內驗票

火車上會有乘務員來驗票。驗票時可先只提供（電子）車票，若有需要再拿出護照（Ausweis）。搭長途火車時，有時乘務員會多次驗票並詢問「Ist jemand zugestiegen？」（是否有乘客是剛才上車的？）若已被驗過票了，則簡單告知即可，不需再次驗票。

行家祕技

班次取消或停駛

在車站候車時，若看到「Zug fällt aus!」訊息，指的是該班列車停駛，就需要準備換搭別的車次，或是換搭其他交通工具了！若聽到廣播說：「Bahnverkehr kommt zum Erliegen.」表示列車可能因為事故而停在某一站無法前進，也會影響車次，需緊急應變。

轉車

近年來德國國鐵火車誤點的情況頻繁，需轉車的乘客行程常會因此受到影響。轉車所需時間也視車站規模大小（月台數多寡）而異。因此，在旅行時，掌握好轉車時間及資訊，有充足的時間換月台或是轉其他交通工具是非常重要的！

▲ 大型火車站如漢堡火車站，無論班次或乘客都是非常多

準確掌握轉車時間

使用DB Navigator APP查詢火車班次時，都會同時列出該班次是否需轉車（1 Umst.代表要轉一次車）及預計轉車時間。轉車也常會是不同車種之間的轉車，如高鐵轉火車、火車轉地鐵，這些資訊都會被詳細的列在班次內容裡。為避免前一車次數分鐘的誤點而延誤下一個班次，除非必要，盡量不要選擇轉車時間少於15～20分鐘的班次組合。

▲ DB Navigator APP會顯示轉車時間，如上圖之轉車時間為26分鐘，從第19號月台換到第14月台搭車

留意月台電梯設置

在大規模的火車站，或是遇到需要轉換不同交通工具時（如火車轉地鐵），換月台所需要的時間通常就更多；若隨身行李很大，還要留意月台是否有設置電梯。請注意，許多小城鎮的火車站並無設置電梯，僅在樓梯旁設置輸送帶供自行車和行李輸送，有些地方則只有樓梯可使用。

交通篇

轉搭市區的S-Bahn、U-Bahn

抵達目的城市後，就要準備轉搭當地市區的S-Bahn、地鐵、街車或巴士前往飯店旅館。通常S-Bahn、地鐵的月台都是在火車站內的不同樓層，而街車及巴士的站牌都在車站外，先看標示尋找「出口（Ausgang）」或「前往市區（City）」，就會找到搭車站牌了。

▲S-Bahn與U-Bahn轉乘月台在不同地方

▲斯圖加特火車站因「Stuttgart 21」案子整修已多年，轉車時務必多留意現場動線的指引告示

貼心 小提醒

網路「圖片搜尋」了解火車站規模

若要更準確評估在車站轉換月台實際所需的時間，可上網以「圖片」搜尋，輸入「城市名稱＋Hauptbahnhof」（如Berlin Hauptbahnhof），即可大致了解火車站的規模大小及月台設計的複雜程度。

火車車廂內設施

德國境內列車車款眾多，車廂內設備亦有不同。基本上到站資訊、洗手間、行李放置處都會有，但充電或是上網服務則不一定。另外，部分的區域列車清潔度沒有長途列車來得好。

到站資訊螢幕

新型車廂內的到站資訊為大型螢幕，會將該列車所停靠的站點資訊都列出來，並且會即時動態更新，如誤點時間、到站後可轉乘的所有資訊。

▲列車內的到站資訊

▲舊式或是一般車款內，會有長條型的跑馬燈，僅顯示停靠站資訊

行李放置區／自行車專區

在車廂內，小型行李或手提背包可以放置在座位上方；而長途列車的車廂裡，在車廂門口旁或是中段位置會設有行李集中放置區。

▲自行車專區，亦適合攜帶大行李的旅客使用

▲座位上方的行李放置架

洗手間

車廂內通常都會附洗手間，空間還算寬敞。部分車廂在開關洗手間的門時，要按下門把旁的按鈕，入內後要先按關門鈕再上鎖。

▲ 車廂內的洗手間

座位

在德國區域性列車的車廂內，4人座（附桌子）的座位很普遍，適合家庭或是團體旅行時，坐在一起方便聊天。

▲ 附有大桌子的4人座　▲ 部分4人座只有小桌子

車廂內分區

一等車廂或是二等車廂，基本上從車廂外就看得出來。而部分車廂內會設置玻璃隔區，但上方仍寫著數字2，這表示仍屬於二等車廂，若不確定，可以詢問其他乘客，或是在驗票時詢問查票員，以免坐錯。

▲ 車廂外的數字2，代表2等車廂　▲ 少數地區的列車車廂內會有玻璃隔區

火車站設施及其他服務

旅行前，除了可以上網查詢班次相關資訊，到了當地的火車站，一樣可以利用車站內的服務中心取得相關資訊。許多觀光城市都會設有旅行中心及資訊中心。大型火車站周邊通常有麵包店、咖啡廳、電信門市等。洗手間、行李置物櫃常設在較不易找的地方，需留意指標。

旅行服務中心(DB Reisezentrum)

德國國鐵旅行中心通常可以在各邦州首府的大城市或中型的熱門景點附近火車站看得到。主要的服務項目為現場購票及訂位（或預購）、詢問火車班次以及住宿資訊。

▲ 圖片中，後方的旅行服務中心已休息，但前方的資訊服務站點仍開放詢問

資訊看板(Information)

若遇到旅遊旺季，無論是旅行中心或是資訊中心都會大排長龍。如果能夠自己看得懂看板的時刻表，行程異動調整會更加方便。

▲ 月台上的資訊看板，黃色的時刻表(Abfahrt)是該車站所有的發車時間及班次

資訊服務站點(DB Information)

旅行前,即便各資訊準備得再完善,到了當地若是遇到強烈天氣影響或是國鐵員工罷工上街遊行去,導致車次大亂,而手邊又臨時無法上網等意外狀況,這時候則可以直接諮詢德國國鐵資訊中心。只要告知自己的目的城市,服務人員就會

提供當下最可行的班次連結資訊,但是不提供售票以及訂位。

◀ 該資訊中心通常是在車站內獨立出來的一個服務站點,所有有關車次最新的異動狀況,都可以在這裡詢問得到

洗手間(Sanifair)

車站的洗手間通常位於較不明顯的地方,要沿

著「WC」的指標找。進入洗手間要準備€1。(費用為€0,50,機器會找回€0,50折價券)

◀ 火車站內的洗手間,需付費才能進入使用

計程車

在中、大型城市的火車站旁通常都有排班計程車(米白色車身),但一些較小的城鎮則不容易叫到計

程車,有時要走到市中心才可能找得到。

行李寄物櫃

中、大型火車站的計時付費行李寄物櫃(Schließfächer / Gepäckfach),可以在車站大廳旁或是月台上找得到。收費標準基本上是以24小時為單位,費用因城市以及置物櫃大小而異,超時需補足差額。

▲ 行李寄放時,要記得自己放在哪區,以免找不到行李

1.確認B、C、D三項狀態同時正常。(若C上面沒顯示要投的金額,有可能是故障)。

2.開門放入行李,關門然後投幣,接著將鑰匙向左下轉,上鎖後取出。請再次確認置物櫃是否已正常上鎖,離開前拍照,記得自己的置物櫃號碼。

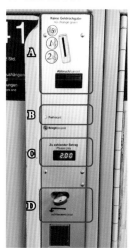

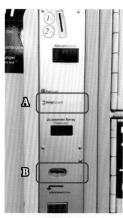

A.硬幣投幣處,不找零 / B.亮綠燈:正常狀態,可使用 / C.需投入金額:€2(24小時,逾時要加付費用) / D.寄物櫃鑰匙

A.亮紅燈顯示此櫃已使用 / B.記得拔走鑰匙,並妥善保管

搭巴士暢遊德國

在德國不同城市之間旅遊，搭巴士也是另一種經濟又實惠的選擇。

在德國旅遊，搭乘巴士欣賞城市間的公路風景也相當愜意。德國主要的客運公司為FlixBus，其他以國際路線為主的eurolines及ECOLINES，在德國境內大城市亦有站點。身為德國國民客運的FlixBus運行路線站點涵蓋率廣，價格也非常親民，而且有便利的電子訂票系統及車上上網設備，是歐洲及亞洲背包客旅遊德國及歐洲國家跨國旅行時的最愛。

▲ **FlixBus鮮綠色的車體外觀，容易辨識。服務站點同時也涵蓋了周邊鄰近國家**

▲ **ECOLINES行經德國、東歐及波羅的海等國家**

行家秘技 何時選擇FlixBus和FlixTrain？

僅管德國鐵路四通八達，仍然有些城市之間的路段，走高速公路比鐵路路線要來得直接也快許多，很多路段搭巴士即可直達。FlixTrain部分路線的停靠站點比國鐵來得少，亦可以免去轉車之勞。因此，在德國搭火車旅行時，若同時和FlixBus和FlixTrain提供的車次及班次做比較，行程和費用上都會較彈性。

◀ **FlixBus & FlixTrain APP**

貼心 小提醒

IC Bus已停止營運

DB德國國鐵巴士自2009年開始營運的IC Bus行經德國境內外約15條路線，其所行駛的高速公路路段在時程上通常都比火車短，可免去搭火車時轉車之不便。然而由於眾多外在因素，IC Bus已於2020年正式停止營運。

如何購買巴士車票

購買FlixBus車票可以在APP、網路、服務站點以及直接向巴士司機購買。FlixBus線上購票的機制設計得相當完善，不管是網路或是APP購票，步驟都非常簡單，只要確認自己手上的信用卡是可以在國外正常付款的，那麼就可以輕鬆地購買電子車票！

APP購票

使用FlixBus APP是最方便快速的購票方式，付款後可以立即取得電子車票。訂票時，若遇熱門路段或是暑假旺季，建議一定要訂位，巴士無站位，能夠選擇較好的座位，乘車時亦較舒適。APP內也有非常詳細的站點地圖。QR Code電子車票也都會被儲存在個人的會員帳號裡。

◀ 上車前只要出示手機的電子車票即可

網站購票

FlixBus官方網站已提供中文介面（在語言的地方選擇中文）。付款後，電子車票會以PDF檔的方式傳送到指定的電子信箱。搭車時，只要出示PDF檔上的QR Code即可，不需要列印出來。

http www.flixbus.de

現場購票

德國境內共有11個FlixBus的服務站點，此外還可以在PENNY超市（生活便利站機器）訂票。不過由於服務站點及PENNY超市並非隨處可見，還是建議線上訂票，或是搭車前直接和司機購買（旅遊旺季時，不一定會有現場票）。

如何搭巴士

搭FlixBus最重要的是要知道候車站點位置。大城市如柏林、法蘭克福、慕尼黑等，FlixBus的巴士站會和當地的巴士客運總站（Zentrale Omnibus Bahnhof）共用候車月台。然而，在中、小型城市的FlixBus巴士站點則非如此，需在FlixBus的地圖查詢。

搭車時，只需要以手機出示電子車票即可，若是搭車至其他鄰國需同時出示護照。若有大型行李，應先將行李交給後方的車務人員（同時告知下車站名），再給司機驗票後上車。要特別注意的是，目前車內無提供到站資訊，只有在快到站時，司機會廣播站名。若是不放心的話，建議可以使用下列方式確定自己何時下車：

■用Google Maps隨時定位，知道自己所在的城市位置。

■以車票上抵達目的地時間推算自己該下車時間。（若巴士沒有特別嚴重誤點時，可用此法）

■仔細聽廣播，至少要知道站名的唸法（司機通常會廣播兩遍）。

■用簡單英文問其他乘客；或是給他們看自己的車票。

漢堡（Hamburg）巴士轉 ▶ 運總站

▲ 不萊梅（Bremen）巴士站無車次看板，與其他的巴士共用月台

■ 巴士上的設備

FlixBus客運不同的路線，所營運的車款、車型也會略有差異巴士上的洗手間都很小，只有行駛中可使用，大站的停留時間長（司機會廣播，如：5 Minuten Pause），可使用巴士站的洗手間，不過時間一定要掌握好！行駛時會提供Wi-Fi，座位上也有充電插座。若想喝水或巧克力，可向車務人員購買。

請注意 座位上都有編號，若遇到自己訂位的座位被其他乘客占用，可出示車票告知位置已被預訂。

▲ 乾淨、舒適的Flixbus，車內均有提供Wi-Fi及洗手間

行家祕技 如何知道巴士是否準時到達？

搭乘巴士當然也會有其缺點，其中最不便的就是誤點的狀況。尤其是在歐洲學生寒暑假期間，大量的歐洲及亞洲學生利用巴士旅行，不僅下車卸行李以及上車驗票、放行李的時間會延誤發車時間，在高速公路上也會發生塞車的問題(尤其是國定假日)。

■ 若行程較為緊湊或是不喜歡這些不確定因素的旅人，最好還是選搭較為可靠的DB國鐵或其他交通工具。

■ 想要隨時查詢搭乘班次的最新動態，可以至FlixBus的網站查詢。只要輸入出發站名或抵達站名，以及車票訂單號碼即可。

其他交通工具

山區列車

許多大型的國家自然公園都會有園區的山間列車。這些景點通常都要先從鄰近城市的火車站搭乘區域性列車至園區的主要入口城市，接著再轉搭當地的山間列車，才能夠深入該園區的特定景點遊玩。實際營運時間及班次等訊息，建議在行前至其營運公司的官網查看並下載完整時刻表，掌握好去回程時間。

◀ 前往巴伐利亞森林國家公園的山區火車要從帕紹火車站轉車

區域性／主題／觀光巴士

德國鐵路雖然四通八達，但能夠真正走到小鎮鄉間，欣賞田野風景的，仍要靠當地的巴士。一般區域性的長途巴士可以從大城市直接搭至鄰近郊區小城鎮，觀光特定的城堡或景點。

著名的觀光巴士路線如「黑森林全景巴士」、「葡萄酒主題路線」或是「浪漫路線」，這些

巴士路線適合非自駕，但是又想要到郊區旅遊的旅人。此類主題及觀光巴士多數只在旅遊旺季營運，秋末春初會減少班次，冬季則停止營運。

▲ 黑森林區由特里貝格城市出發的全景巴士(Panoramabus)

▲ 萊茵普法爾茲地區的葡萄酒主題路線雙層露天巴士(Cabrio-Doppeldecker-Bus)

山間纜車 Seilbahn

國家自然公園內常會有山間纜車。搭乘國鐵至國家公園的主要入口城市，找到搭乘纜車處，即可從山下一路欣賞園區美麗的樹林景色上山。直達該園區最主要的山頂觀景區，健行一段路後，再搭纜車下山。

▲ 哈爾茨國家公園Wurmberg山區纜車

▲ 黑森林區肖恩英斯蘭山區纜車

登山列車 Bergbahn

在許多德國城市如德勒斯登或小城鎮如海德堡

▲ 海德堡登山列車

▲ 杜爾拉赫Turmberg登山列車

或杜爾拉赫都有登山列車，為城鎮與一旁山坡地區的主要交通工具。這些登山纜車大部分都是早期跟著城鎮一起發展的，有其特殊歷史地位。

河運客船 Schifffahrt

在河流流經的主要城市之間，通常亦會有觀光船運通行。如薩克森州的易北河、德國南部兩個邦州的多瑙河。在城市之間通常會有客船可以搭乘往來。

▲ 薩克森州易北河岸小城鎮巴特尚道(Bad Schandau)需要以船運渡河至對岸

湖泊遊湖客船 Seeschifffahrt

知名湖泊如南德的巴登－符騰堡州南部的博登湖，或是黑森林的蒂蒂湖、巴伐利亞州的基姆湖(Chiemsee)及國王湖等，這些觀光景點在夏季都提供班次頻繁的客船遊湖服務，在春秋季會減少班次，冬季則有可能因湖面會結冰而不營運。這些船運公司大部分是私營的，船運均需另行購買。有些船票會和當地的博物館等景點提供套票優惠。

▲ 搭船遊博登湖欣賞3國邊境美景

▲ 在基姆湖岸搭船至紳士島上的海倫基姆湖宮殿

城市交通篇
Transportation

在柏林、法蘭克福與慕尼黑，如何搭車？

德國市區內的交通看似複雜，其實很容易上手。只要抓住幾個大原則，就可以
輕鬆地在城市裡自由穿梭。本章節除了介紹市內的交通之外，更整理出了柏
林、法蘭克福及慕尼黑三大城市的交通資訊，讓你像在地人一樣輕鬆旅行。

市區大眾運輸

單程票、日票、週票適用於市區內各交通工具。

抵 達目的城市後，就要轉搭市區大眾運輸交通工具(如通勤電車、地鐵、輕軌電車、公車等)，前往飯店或開始參觀市區內的景點。

通勤電車系統只有在少數大城市或是都會區看得到，地鐵也只有在像柏林、漢堡、慕尼黑等大城市才有。在多數中、小型城市(如海德堡或弗萊堡)只有輕軌電車和巴士。

▲ 每個城市的通勤電車及地鐵系統亦會有不同，海隆布爾(Heilbronn)的S-Bahn如同街車一樣，行駛至市區內街道

市區票價計算方式

各城市的交通票依照使用方式設計有單程票、日票、搭乘站數，以及是否轉車等不同票種，而不同的票種會再依照乘車距離的遠近，產生不同的票價。

票價分區的概念是將城市由市中心向外至郊區劃分為數區，有的以英文或數字為代號命名各分區(如柏林是A、B、C；法蘭克福市區代號為

5000，票價區段則為3)。跨區移動的票價比單區移動貴，所以需留意自己的所在地和欲前往的目的地是否在同一票價區內。

不同的票區在地鐵圖上會是不同的顏色塊，以柏林為例：市中心向外分為A、B、C，大部分景點集中在A、B兩區，若行程有排到柏林布蘭登堡國際機場或波茨坦(Potsdam)，則需購買包含C區的票。

通勤電車 S-Bahn

S-Bahn(Schnell-Bahn)路線主要連接市中心與其外圍郊區的城市。其特色在於班次密集，可以迅速抵達郊區。S-Bahn屬於國鐵系統，持歐鐵或是德國國鐵周遊券，不需要再另外購票。

市內地鐵 U-Bahn

U-Bahn (Untergrundbahn) 僅在德國少數大城市才看得到。地鐵文化亦是屬於大都會發展很重要的一環，在法蘭克福、埃森或是紐倫堡等城市的地鐵站，都可以透過旅行時觀察地鐵站的行經站點及建築設計等，了解當地各城區的一些歷史。而柏林的地鐵發展更是和其特殊的城市歷史緊密地結合在一起。

輕軌電車 Tram(Straßenbahn)

德國大約有60座城市有輕軌電車，該列車在市區有自己的軌道系統，尖峰時刻班次比巴士還要多並且準時。只有少數城市的Tram (Straßenbahn) 車廂內會有售票機，司機不提供售票服務。

公車 Bus

在市區有以市區中心內及郊區路線爲主的巴士，行經市區內各重要景點及站點；而在火車站或市中心廣場亦會有區域性巴士 (Regionalbus)，行駛到更遠或是其他鄰近城市。部分區域性巴士會行駛火車未抵達的景點，因此有時會比搭乘S-Bahn或火車來得方便。

行家祕技　ÖPNV與城市交通路線圖

ÖPNV是公共短程交通工具 (Öffentlichen Personennahverkehr) 的縮寫，即上述這些交通工具。只要在搜尋引擎輸入關鍵字「城市名+ÖPNV」(例如：Leipzig öpnv)，搜尋到的前幾筆資料通常就是該城市負責營運的公司網頁。在城市的旅客服務中心亦可以直接取得城市交通路線圖。

▲ 各城市的大眾運輸路線圖是旅行時的好幫手

通勤電車與地鐵

S-Bahn、U-Bahn站名相同,搭車月台卻不同!

市區內通勤最常看到的標示就是「S數字」或是「U數字」,其數字即代表路線號碼。然而有些大站會同時有S-Bahn、U-Bahn經過,其站名雖相同,但搭車月台卻不相同。少數大站的該兩種列車是會在同一車站,不同的月台樓層搭乘;然而有些地方則是要先出了S-Bahn車站後,再到U-Bahn車站(通常在附近)搭車。因此在規畫路線時,除非必要,否則盡量選擇搭乘同一種交通工具。

▲ 斯圖加特市區大眾運輸售票機

搭乘通勤電車與地鐵步驟 Step by Step

Step 1 確認目的地及搭乘路線

上網查詢當地城市的S-Bahn、U-Bahn路線圖,選擇適合的交通工具及轉車路線。

Step 2 購買車票

S-Bahn、U-Bahn均需先在車站月台或是車站附近的報攤雜貨店(Kiosk)購票。車上不販售車票。購買時可以現金或信用卡支付。取得車票後,上車前應先在月台的打票機打上戳記。

◀ 付款時,售票機螢幕上會顯示可以接受的付款方式

Step 3 找對搭車月台及確認列車方向

搭車最重要的除了記得自己要去的站名之外,列車要往東還是西,往北還是南也要知道。在找月台時,應以這列車終點站方向為主,再確認是否有經過要抵達的目的站點。

月台看板指標解析

看板上提供轉車、出口街道名稱、車站設備等相關資訊。**請注意** 無論S-Bahn或U-Bahn，出口都只標示路名，沒有標號，出站前應確認清楚欲前往的路名。

U-Bahn月台看板範例

A.通往S-Bahn、巴士及計程車的方向 / B.本站為漢堡展覽會館 / C.出站後之路名 / D.請勿吸菸或飲酒

S-Bahn月台看板範例

A.地鐵 / B.巴士 / C.電梯 / D.行動不便者可使用電梯 / E.出口 / F.洗手間 / G.售票處 / H.樓梯 / I.計程車 / J.巴士 / K.遠程火車(RE或RB等)

A.出口方向 / B.轉搭巴士及SEV鐵路接駁巴士 / C.出站後之路名及主要地標 / D.轉搭S-Bahn及德國國鐵火車 / E,F.轉搭地鐵其他路線資訊及方向

查詢城市票價

每個城市的計價方式都不同，建議上網輸入關鍵字「城市+票價」搜尋(例如：frankfurt fahrpreise / frankfurt tarif；Fahrpreise或是Tarif都是指票價或價格費率的意思)。在搜尋結果出現後，通常前幾筆結果就會是該城市官網的相關訊息(官方網址通常為營運公司名稱的開頭字母縮寫)。

進入網頁後，再繼續找Fahrpreise、Tarif、Ticket、Fahrkarte等票價相關的關鍵字。

◀ 圖林根州埃爾福特及威瑪城市日票

預先買票、上車前打卡

在德國旅行，有些地方購票不方便，因此都應預先買好所需車票再展開一天的行程。搭「霸王車」(Schwarzfahrt)罰款金額最高至60歐元。不論搭乘哪一種交通工具，若是買單程票或是日(週)票，首次搭乘都需要先打票。在車上偶有查票，若沒有打票，視同無票上車。

▲ 在車站都會看到像這樣的打票機，車票插入後，即會打印上當下的時間及站名，代表車票已開始使用

▲ 海德堡的街車車廂門，提醒乘客一定要買票後再上車

輕軌電車與公車

搭公車向司機買票，輕軌電車在車站亭或在車廂內的自動售票機買。

輕軌電車和市區內公車是市區1日遊最方便的交通工具，停靠站點及班次都很多，有些路線專門行經熱門景點。同時它們亦是當地人最常使用的交通工具，若是在上、下班時間搭乘，亦可以體驗一下當地通勤的尖峰時刻。

輕軌電車的軌道多和市區(或舊城區)內的主要街道重複，在小城鎮如弗萊堡或海德堡常會看到電車與行人「擦身而過」的狀況，因此在有輕軌電車的城市裡漫遊，要注意腳下的街道是否同時有電車軌道，並在穿越馬路時特別注意。

公車和輕軌電車雖然方便，不過在德國的小城市裡，從火車站到舊城區的距離不會很遠，各景點之間的距離也很近，走路可能會比搭車來得方便又快。

紐倫堡VAG售票機 ▶

▲ 紐倫堡VAG輕軌電車

行家祕技　輕軌電車及公車的路線圖

可上網站以關鍵字如「城市+bus/tram+路線圖」(Berlin bus200 Plan)搜尋，有時可加上pdf，或是以圖片方式搜尋，亦可向旅遊中心(Tourist Information)詢問。

路上觀察　公車及輕軌電車的友善空間

搭輕軌電車時，攜帶大型行李、行動不便或是推娃娃車的乘客，在搭乘電車時，記得選擇低底盤的車廂上車。公車則大部分都是低底盤的。前後門上車、下車視城市而定，但若有大型行李，直接從後門上車即可。

搭乘輕軌電車與公車步驟 Step by Step

Step ① 確認站牌資訊及行車方向

輕軌電車和公車的站牌標示為「H」（Haltestelle，綠字黃底）。在站牌處即有所有停靠的班次資訊、發車時間、巴士行駛的方向，及附近的簡易地圖。有些大、中型城市內的主要路線會在夜間時段（01:00～04:00）提供夜間巴士行駛；然而週間和週末的班次會不同，週日及假日的班次最少。

Step ② 購買車票

大部分的輕軌電車都只能在候車處買票，僅少數城市可以直接在車廂內用售票機購票（司機不售票）。搭公車可以從前門上車，向公車司機以現金（硬幣或小鈔）購票。

在公車上直接和司機買▶票，說出站名或是說買單程票即可，將錢放在平台上的凹槽上，司機會將車票打印出來，找零時於左下方的小圓槽將零錢取回即可

Step ③ 上車打票

取到車票後，電車和公車車廂內都可以打票。若是轉車後上車即不需重複打票。

公車內打票機▶

Step ④ 到站下車

留意車廂內的到站資訊，即將抵達目的站之前應及早按下車鈴，若太晚按，司機可能會來不及停車而過站不停。

▲ 下車鈴　　▲ 停靠站資訊

路上觀察 城市觀光街車 City Train

在巴伐利亞州的紐倫堡、符茲堡、雷根斯堡以及其他少數城市，旅行旺季常常會看到顏色鮮豔又造型可愛的城市觀光街車穿梭在市區內。專為觀光設計的街車行經的站點都是熱門景點，可以讓遊客輕鬆又愜意地參觀市區，車上有德、英文語音導覽。街車營運時間可以上網查詢，可以直接向司機購票，很適合個人或是大家族團遊行程。

有些城市亦會將地區內的舊式輕軌電車或是巴士，改造為復古的城市觀光列車或巴士（Stadtrundfahrt），一樣提供城市景點導覽服務，可以輸入「城市名稱＋City Train／Stadtrundfahrt」搜尋。

柏林市區交通

上、下車前別忘了按開門鈕或拉把手開門！

國際大都會柏林，不僅對外有通達的路線連結東、西歐國城主要城市，市區內各交通工具的站點也是密密麻麻，無論是地鐵、輕軌電車、巴士或是船運，讓觀光客可以輕易地深入柏林的每一個角落遊玩。

▲ 柏林中央火車站(Berlin Hauptbahnhof)是歐洲最大的高架火車站。底部軌道層為ICE火車及通往其他城市的月台，上部軌道層則是S-Bahn和RE/RB的月台。圖片中可以看到S-Bahn行經上部軌道層。而整棟建築物的兩側則是大型的購物商場

柏林交通資訊這裡查

營運公司主要為BVG(Berliner Verkehrsbetrieb，負責U-Bahn、Tram(Straßenbahn)、Bus。S-Bahn統一是歸DB國鐵管。次要為VBB(Verkehrsverbund Berlin-Brandenburg)負責柏林到布蘭登堡邦(Brandenburger)的交通營運。BVG官網提供相當豐富的交通及票價資訊，行前可以多加利用。

http BVG：www.bvg.de / VBB：www.vbb.de

◄ 柏林S+U-Bahn、輕軌電車路線圖

◄ 柏林BVG票價總覽

搭乘S+U-Bahn

柏林的票價範圍由內至外分為A、B、C共3個區域，位於中心的A區由S41及S42列車環狀運行，以利各方向路線的列車連結轉車，所有重要的景點、博物館等都在A區範圍內。A、B區主要是S-Bahn及U-Bahn的通行範圍，最外圍的C區則是區間列車（RE、RB）才有通行。部分S-Bahn路線會再向C區延伸數站才到終點站。

在A區內，S-Bahn主要以東西向運行為主，其

▲ 新款的地鐵列車車廂內設備

▲ 柏林地鐵列車

中的大站有Hauptbahnhof、Friedrichstraße、Alex-anderplatz及Warschauerstraße，還有位於西區的Charlottenburg。S7的萬湖站（Wannsee）和終點站波茨坦，以及S3、S9的終點站施潘道（Spandau），都是非常好的郊區1日遊景點。

U-Bahn則大多以南北向的路線爲主，並再向B區的南北延伸，少數爲東西向運行。需注意的是，許多在路線圖上U-Bahn和S-Bahn看起來重疊的站點，實則需要轉換不同的月台，或甚至需要先出S-Bahn車站再轉U-Bahn車站。

客運巴士總站(ZOB)

柏林客運巴士總站（ZOB）有許多國際性的巴士路線，無論是前往東歐國家如波蘭、捷克、波羅的海國家，或是西歐的國家，都非常方便。總站位於柏林西區U2 Messe Nord/ICC站，無論搭S-Bahn或U-Bahn，到站後都要走一段（地下道過馬路）才抵達客運巴士總站，建議搭巴士139路線前往。（Messedamm ZOB站，下車處離客運站的入口很近。）

搭乘輕軌電車

柏林輕軌電車(Tram)主要分布於東區，並且主要在B區範圍。參觀東區景點時，可以將輕軌電車作爲主要的交通工具之一。輕軌電車的路線圖獨立於一般地鐵路線圖，需另外查詢。

▲ 柏林的輕軌電車

搭乘巴士

在柏林市區內觀光，最方便的交通工具其實是巴士，其行經的站點多爲熱門景點（尤其是專爲觀光設計的路線巴士100、200、300）。搭巴士可以免去轉換車站、轉月台，以及上樓、下樓的不便，還可以沿路欣賞柏林城市風景。

選擇適合的票種

短期旅行柏林，視停留的天數有許多不同的日票或週票可以購買，可搭乘市區內所有的交通工具（除ICE、IC、EC以外）。柏林BVG提供的日票爲「24-Stunden-Karte」（戳記後24小時內有效，亦有Kleingruppe團體票）、週票爲「7-Tage-Karte（VBB Umweltkarte）」（戳記後當日至第七日的00:00有效）。以上票價依A、B、C區不同組合而異。若規畫到機場或是波茨坦1日遊，應選擇至C區的票種。

▲ 柏林推出的各種不同方案的車票計價方式

柏林巴士站牌解析

- 本站站名
- 行經路線
- 路線時刻表及站名

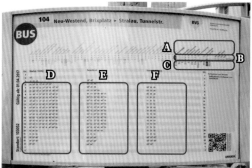

A.行經路線站名 / **B.**預計行駛時間 / **C.**下方為每一站的轉車資訊(如:哪一站有到U-Bahn或S-Bahn) / **D.**週一~五時刻表 / **E.**週六時刻表 / **F.**週日及假日時刻表

巴士的路線分類代號

路線代號	意義
只有數字	一般車,半夜12點之後就停駛
M+數字	Metrolinie大線,24小時營運。路線長,行經站點多為大站
X+數字	Express可以視為快速區間車,班次少,以大站與大站之間營運為主
N+數字	Nachtlinie夜車,半夜12點後開始營運到清晨

路上觀察 **搭巴士時需主動出示車票**

柏林人習慣從前門上車,並且將車票出示給司機看,就算是後門上車,也會看到有人將車票高舉起來,作勢讓司機知道自己是持票搭車,總之跟著大多數人做就對了。

柏林歡迎卡

柏林歡迎卡(Berlin Welcome Card)適合2~6日柏林短期觀光,票種分為48、72小時,與4日、5日、6日,其中包含交通票券及觀光景點的優惠。另有套票如「柏林歡迎卡+博物館島通行」、「柏林歡迎卡+全區套卡(波茨坦及機場來回)」。卡片可以在網路上購買,也可以在當地的旅遊服務中心、合作飯店,或是一般的BVG車票售票機購買。

http berlin-welcomecard.de

▲ 超值優惠的柏林歡迎卡簡章及優惠訊息,是自由行旅客的最佳選擇

💗 貼心 小提醒

在柏林搭船遊湖

柏林郊區的湖泊如萬湖、米格爾湖等,湖岸邊若看到BVG船運藍色「F」(Fähre)的標示,即屬於BVG日票的適用範圍。喜歡郊區景點的旅人可以多加利用。

法蘭克福市區交通

選擇城市卡暢遊法蘭克福最輕鬆！

法蘭克福是德國最重要的交通樞紐之一，其市內交通的密集及繁忙程度可想而之。然而只要掌握好重要的路線資訊，就可輕鬆遊覽市區內各景點、舊城區、美茵河等，還可搭區域性列車及通勤電車前往鄰近小城鎮1日遊，如搭S8至美茵茲(Mainz)、威斯巴登(Wiesbaden)，為法蘭克福之旅增添美麗插曲。

▲ 法蘭克福總火車站

▲ 法蘭克福總火車站大廳

行家祕技　搭區域性列車一日遊

　　搭法蘭克福的區域性列車(Regionaler Schienen)，從總火車站出發，向東最遠可以到巴伐利亞州的符茲堡(RE54、RE55、RB79)，向南除了可以到達姆施塔特城市，還可以到文學之城海德堡(RB68)、曼海姆(RE60)，而向西則是可以到有「德意志之角」景點的科本倫茨(RE2、RE17)。

法蘭克福交通資訊這裡查

營運公司：RMV(Rhein-Main-Verkehrsverbund)，負責市區內S-Bahn、U-Bahn、Tram(Straßenbahn)、Bus。
http RMV：www.rmv.de

▶ **法蘭克福S+U-Bahn、區域性列車路線圖**：市區S+U路線圖：RMV-Liniennetzpläne zum Herunterladen；區域性列車路線圖：RMV-Schienennetzplan zum Herunterladen

◀ **法蘭克福票價費率**：Preisstufen in Frankfurt und in Wiesbaden und Umgebung「Günstige Preisein Frankfurt」-「RMV-Preisliste (PDF)」

搭乘S+U-Bahn

　　法蘭克福城市市中心主要的交通範圍區域代號為5000，該區域幾乎包含了法蘭克福所有重要的觀光景點。該區內主要的大站為Hauptbahnhof、Willy-Brandt-Platz、Hauptwache，以及Konstablerwache，由後3個站點所形成的區域即是法蘭克福舊城區主要景點的所在位置。而位於南方城區的Südbahnhof亦是重要的站點(有些列車只會停靠在此站，不會經過總火車站)。

　　U-Bahn除了U3之外，其他路線的行駛範圍都在5000區域內，並以南北向為主。在5000區域範圍之外，可搭S-Bahn的S8及S9從總火車站到機場(區域代號5090)，還可繼續延伸至鄰近城市美茵茲及威斯巴登(Wiesbaden)，都是黑森州非常值得1～2日遊的城市。搭S3往南可以沿著山之路線(Bergstraße)到達姆施塔特(Darmstadt)。

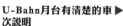
U-Bahn月台有清楚的車 ▶
次說明

▲ 從機場可以搭U9(往Hanau)的方向，前往法蘭克福市中心的總火車站

▲U-Bahn列車到站後，要按開門鈕，車門才會打開

搭乘S-Bahn步驟 Step by Step

　　搭乘U-Bahn與S-Bahn的方式雷同，以下以從火車站搭S-Bahn到機場為例。

Step 1 ## 找到S-Bahn的標示

　　在車次看版上，找到往機場的車次S8(Wiesbaden Hbf方向)，會經過「機場」(Flughafen / Airport)，向有4分鐘到站，在103號月台搭車。

A.列車到站時間 / B.列車路線號碼 / C.會經過哪些站 / D.列車開往的方向(終點站) / E.月台

Step 2 ## 下樓後繼續沿著標示走

Step 3 ## 確認月台

　　in Kürze表示車子很快就要進站。

搭乘輕軌電車及巴士

市區內的輕軌電車（Straßenbahn）代號只有數字，行經範圍也都在5000區內。巴士除了一般的路線之外，另有Expressbus（如X19）及Metrobus（如M34）。Expressbus的X15、X53、X58、X61都有到機場的第一航廈（Flughafen Terminal1），若是不想提著大行李在火車站上下樓找月台，建議可以搭巴士。Metrobus一共有8條路線，24小時營運，亦是非常方便。

客運巴士總站(ZOB)

位於法蘭克福總火車站後方的客運總站（路程約5～10分鐘），是聯繫中歐與西歐國家重要的巴士轉運站。除了有行經國內、外路線的FlixBus之外（有FlixBus服務站點），其他國際線的客運巴士也都可在此搭乘。

選擇適合的票種

法蘭克福交通票一樣是以日票或是週票較為划算，同時票券亦有提供團體優惠。購買時只需要注意自己的行程範圍是否在區域5000內，或是是否前往機場的區域5090。除此之外，若是從法蘭克福出發前往其他城市1日遊，需要注意該城市是否仍在黑森州內，是的話則可以選擇黑森州的邦州日票（Hessenticket）；若是前往海德堡及曼海姆（巴登－符騰堡州）、符茲堡（巴伐利亞州），則應選擇跨州日票（Quer-durchs-Land-Ticket）。

◀ **法蘭克福市區「計次－成人單次短程」車票**

其他觀光票券

法蘭克福卡

法蘭克福卡（Frankfurt Card）了結合交通和觀光景點相關優惠，卡別分為1日、2日，以及個人卡、團體卡。以1日卡為例：享有交通日票的所有通則（包含機場區），以及博物館、植物園、美茵塔與其他景點門票20～50%不等的優惠。若手邊已有其他交通票券適用於法蘭克福交通（如邦州日票），可只選擇博物館及其他景點優惠的卡（Frankfurt Card ohne ÖPNV，只提供2日、3日），價格較便宜。

http www.frankfurt-tourismus.de

▲ **購買後會由櫃檯人員填寫卡片要使用的日期**

博物館河岸卡

持有博物館河岸卡（MuseumsuferTicket）可在2天之內免費參觀39間博物館，喜好博物館的人可以考慮。費用為€21（價格時有異動，行前請查詢官網）。除了博物館河岸卡上的博物館之外，其他知名景點如歌德故居或是位於市區外圍的博物館都適用。

若是預計長期待在法蘭克福或是一年內多次參訪，還可以考慮購買年卡MuseumsuferCard，非常適合相關學系的學生或是相關工作領域的學術研究人員。另還有家庭卡、優惠卡以及其他免費活動，詳細資訊可查詢官網。

http www.museumsufer.de

購買車票步驟 Step by Step

可在車站的自動售票機或是車站設置的票務中心(Ticket Center)購票。城市卡則需要在當地的旅遊服務中心(Tourist Information)購買。以下將針對自動售票機的購買步驟說明,讓買票不再成為難事!

http 旅遊資訊中心:www.frankfurt-tourismus.de

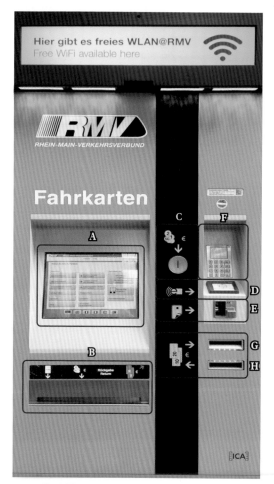

RMV售票機除了可接受€50大鈔之外,感應式信用卡也可以使用:

A.操作螢幕 / B.車票、收據及找零處 / C.投幣口 / D.感應式信用卡感應處 / E.一般金融卡及信用卡插入口 / F.密碼輸入鍵 / G.鈔票送入口 / H.鈔票找零口

Step 1 選擇所需票種

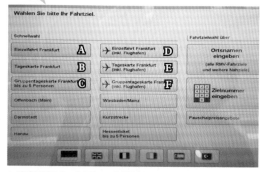

A.單程車票 / B.日票 / C.團體票(最多5人) / D.包含機場單程票 / E.包含機場日票 / F.包含機場團體票(最多5人)

Step 2 選擇乘客別

Step 3 準備付款

現金付款:投入現金即可(€100紙鈔不接受),機器會找零。**信用卡付款**:右邊信用卡螢幕有需付款的資訊,先插入信用卡,並輸入密碼(若必要),付款完成之後,取出信用卡,等待車票打印出來 即可。

A.欲購買車票之完整資訊 / B.可接受之付款方式 / C.付款金額

慕尼黑市區交通

城市卡或週票結合巴伐利亞州邦票最好用。

慕尼黑是中歐通往東歐、南歐國家重要的轉運站大城，可搭國際線高速列車、火車、巴士，前往如捷克、奧地利、瑞士以及義大利等國家。欲遊覽巴伐利亞州著名的郊區景點如新天鵝堡及國王湖，或是到法蘭肯區的紐倫堡，亦是從慕尼黑搭車前往最方便。

▲ 慕尼黑總火車站，港灣式月台設計(通常都是終點站)，利於乘客在不同月台換車

慕尼黑交通資訊這裡查

營運公司：MVV(Münchner Verkehrs-und Tarifverband GmbH)，負責市區內S-Bahn、U-Bahn、Tram(Straßenbahn)、Bus。慕尼黑大眾運輸路線可以在官方網站下載。

http MVV：www.mvv-muenchen.de

◄ 慕尼黑MVV路線及票價總覽：S+U路線圖：Netzplan mit Tarifzonen；Preisblatt zu den Tarifzonen

行家祕技 搭區域性列車1日遊

■ 從慕尼黑到新天鵝堡旁的富森(Füssen)，可搭RB74、RB72，在Buchloe轉BRB RB77至富森，再轉搭公車即達，總車程約2.5～3小時。

■ 從慕尼黑至國王湖搭乘BRB RE5，在Freilassing轉BRB S4至Berchtesgaden Hbf，再轉搭公車至國王湖景點區，總車程約3～3.5小時。

■ BRB RE5是慕尼黑至奧地利薩爾斯堡的直達車，亦可以規畫薩爾斯堡2～3日遊。

■ 搭乘RE1或RB16往北可以前往因戈施塔特(Ingolstadt)1日遊。

▲ BRB是巴伐利亞區的區域性列車

搭乘S+U-Bahn

在慕尼黑地鐵路線圖上，由內而外一共分爲7個區域（M爲市中心區，再向外分1～6區）。S-Bahn在市中心以東西向爲主，其中S1及S8往東北方向搭乘可抵達慕尼黑機場（票價屬第5區），S8往西南方終點站爲Herrsching，位於Ammersee湖岸，適合1日遊；S2往Altomünster或Peterhausen方向，都有到達豪，從火車站可以再轉搭公車至達豪集中營。S6往西南方Tutzing方向，可至Starnberg站，這裡即是有名的Starnberger See湖區。

U-Bahn的行駛範圍從M區～3區，市中心主要的景點在Marienplatz、Isartor、Lehel、Odeonsplatz這4站之間，博物館島則位於Isartor站附近，

▲ S-Bahn列車外觀　　▲ S-Bahn車廂內部

▲ 搭S6可至Starnberger See湖區，非常方便

行家秘技　慕尼黑觀光巴士專車

慕尼黑的觀光巴士專車（CitySightseeing double-decker buses）行經所有必逛的景點，甚至包含寧芬堡宮，各站點都有詳細的時間資訊。可線上訂票，也可在搭車前一天到瑪利亞廣場（Marienplatz）或是總火車站的旅遊服務中心購票，持城市卡可享票價優惠。

http www.citysightseeing-munich.com

需再步行。其中U7及U8路線均只有在部分時段行駛。

搭乘輕軌電車及巴士

輕軌電車只有在M區行駛，僅以數字爲路線代號，停靠市中心內的各大景點及站點。

除了一般巴士之外，亦有4條Expressbus以環狀在市區及市區外圍行駛，以銜接S+U-Bahn不同線路之間的站點。

客運巴士總站(ZOB)

慕尼黑客運巴士總站（ZOB）位於Hackerbrücke站（與總火車站只有一站的距離），可搭乘S-Bahn前往。亦可搭乘輕軌電車16、17號前往，免去在火車站內上下樓找月台。客運總站有二十多個候車月台，搭車前需確認自己的巴士班次所在的候車月台號碼。這裡亦有FlixBus的服務站。

貼心 小提醒

留意路線施工狀況

筆者旅行德國各城市時，常會遇到地鐵或是火車站因施工期間而需要更改路線。因此要隨時注意車站及月台上的相關資訊，雖然不一定要懂德文，但是只要公告上有關自己要搭乘的地鐵或巴士路線，就要留意一下或是以簡單的英文詢問當地人。

選擇合適的票種

在慕尼黑旅行，建議購買日票及週票，方便在市區內快速地參觀不同景點。若是搭S-Bahn或是區域性列車前往同邦州其他城市郊區旅遊，則可以直接考慮買巴伐利亞州的邦州日票（團體票更優惠）。MVV的車票價格表（其他城市的車票價格表亦然）會區分得很細，並且有很多不同方案的價格區間，主要是方便當地每日固定往返兩地通勤的人，以距離和時間準確計算最划算的價格。若是觀光客，則建議直接選擇以方便又優惠的日票或邦州日票。

慕尼黑城市旅遊卡

城市卡（City Tour Card）主要分為M區和全區兩種，又以時間48小時、72小時、3～6日，以及個人或團體區別而有不同的價格。卡片除了交通票券之外，還包含超過80個景點（如博物館及城堡）的入場券優惠。由於城市旅遊卡主要適用於市區內的交通及景點，若是行程中有特定幾日到郊區1日遊（使用邦州票），可將城市旅遊卡使用日和去郊區玩的日期錯開，這樣才划算。

http www.citytourcard-muenchen.com

交通工具+行程如何選擇搭配

Type 1 市中心、舊城區景點

在市中心或舊城區，主要會使用到的是地鐵、巴士和輕軌電車。不過許多景點之間的距離都不遠，往往只需步行5～10分鐘，只要路線安排得當，就可以很有效率地一次看完重要觀光熱點。

Type 2 城市外圍、郊區1日遊景點

U-Bahn的路線會延伸到城市外圍，可通達位於城市外圍占地較廣大的動植物園、博物館或體育館廣場等景點。S-Bahn的班次多，路線範圍廣，可快速前往鄰近的小城市鎮，許多郊區會有單一特別重要的景點，如達豪集中營，這時就可以選擇S-Bahn。

Type 3 其他城市1日遊或自然景點區

區域性列車（RE、RB）是城市之間最好的交通工具，在市區內只停靠大站，然而可快速抵達鄰近的城市，或某國家公園的入口城市。有些自然景點區較不易抵達，需先搭乘區域性列車，再轉搭當地巴士、接駁車或小巴士等，因為班次通常較少，行程安排較不彈性，所以轉車資訊一定要準備齊全。

▲ 十月啤酒節期間，無論搭哪一種交通工具，人都很多。從總火車站到活動會場一路上都會有地貼指示，走路前往最方便

▲ 慕尼黑郊區城市的達豪集中營（或柏林郊區的薩克森豪森集中營）是城市外圍的郊區景點，要搭乘S-Bahn前往

▲ 薩爾斯堡是慕尼黑的鄰居城市，搭乘區域性列車前往非常方便。圖為奧地利薩爾斯堡火車站月台

住宿篇
Accommodations

旅行德國，有哪些住宿選擇？

德國住宿的選擇相當多元，無論是五星級的豪華大飯店或是背包客最愛的青年
旅館，還有傳統的餐廳旅館，以及時下最夯的帳篷露營，各式各樣的住宿選
項，加上便利的網路訂房，讓旅行的彈性度高。

住宿規畫

地點、房型、價格，都依照行程及預算來安排。

住宿的選擇視旅遊地點而有所不同，中、大型國際城市如柏林、法蘭克福市區，有各式各樣的住宿種類，從豪華飯店到沙發客；然而到了小城鎮或是郊區，則以民宿或是度假型飯店為主。無論上網、APP、寫Email，或是打電話預訂，在德國都非常方便，只要事先將行程安排好，即可找到既舒適又價格實惠的住宿。

市區的住宿選擇

國際城市如德國各邦州的首府或是其他中大城市，從豪華飯店至青年旅館都可以找得到。若是旅遊行程以城市參觀為主，中間只穿插郊區或小城鎮1日遊的行程，那麼只要考慮市區內的飯店住宿即可。一些特色主題的青年旅館，也只有在柏林或法蘭克福這樣的國際大城市才找得到喔！

▲ 五星級飯店The Westin Grand Grand

▲ 在柏林可以找到有個性的青年旅館

郊區的住宿選擇

喜好在郊區以及和大自然接觸的旅人，亦可以遠離城市喧囂，在景點區附近的小城鎮過夜。尤其是以德國主題路線（如城堡路線、阿爾卑斯山路線、多瑙河路線）為主要行程的旅人，甚至可以在城堡裡過夜。民宿與餐廳結合的飯館在鄉間城市亦較多見；許多自然景點區亦提供可以露營的地點，可以在河邊搭帳篷欣賞夜景。

▲ 位於法蘭肯拜律特的傳統飯店

▲ 新天鵝堡附近城市富森的四星級飯店

行家祕技 **省！還要再省！**

透過訂房網站的平台所支付的費用，除非飯店和網站雙方之間有特殊的合作關係或是優惠方案，否則大部分的房價都會比較高，建議可以直接向飯店或是Hostel訂房。

如何預訂

大部分德國的飯店旅館都可以在一般的飯店訂房平台或是飯店的官方網站預訂，青年旅館或露營營地（Campingplatz）亦然。訂房時除了多比較價格及評價之外，也應留意當地是否有特殊節日活動，以及取消訂房的相關規定。

網路訂房平台

常見的一般全球性訂房網路平台有booking.com、hotels.com、Trivage，以及Agoda等。這些訂房平台都有中文介面，亦有APP，同時也結合了訂機票及租車的功能。通常有和這些全球性訂房平台合作的飯店多為星級、商務、度假型大飯店。一般餐館飯店、民宿、青年旅館或露營等，則需要至官網或特定平台才可以訂房。

訂房網站推薦看這裡

- http **Booking.com**：www.booking.com
- http **Hotels.com**：www.hotels.com
- http **Trivago**：www.trivago.com
- http **Agoda**：www.agoda.com
- http **Expadia**：www.expadia.com
- http **Hotel De**：www.hotel.de
- http **米其林旅遊網**：www.viamichelin.com

飯店官網訂房

許多飯店及旅館自己的官方網站亦會結合訂房功能，可以直接選擇住宿條件，確認付款方式即可（有些小型飯店可以接受入住時再付款）。大部分的飯店都可以透過電子郵件訂房，此訂房方式，有時候可以找到比網路訂房平台更優惠的房價，或是更多的房間類型。其缺點為無法即時知道是否訂房成功，然而有時直接向飯店訂房，房價會比訂房平台來得更優惠。

當地旅遊資訊中心訂房

若是自駕或是到德國的一些小城鎮，臨時想要換房或訂房，可以到當地的旅遊中心直接向櫃檯詢問住宿資訊，服務人員都會協助查詢及訂房。

電話、現場訂房

在旅行中，若行程臨時有變動，或是原本預訂的房間出狀況，網路訂房又不方便，急著要找其他的住宿時，可以打電話到其他飯店或到現場訂房，即時確認是否有房間。一般來說，英、德文都可以溝通。

貼心 小提醒

訂房注意事項

- 若遇到當地寒、暑假、宗教及特殊節慶期間（尤其是地域性長假期），一定要先提早一個月以上訂房，以確保房位。此情況下預訂後通常不能免費取消訂房。
- 有些民宿或青年旅館的接待處非24小時制，要注意check in(若太晚超過22:00)或是check out(若早於07:00)時間，都要和飯店先溝通好，退房當日是否行李可以暫時放至飯店或旅館都要先詢問清楚。
- 部分價格較低的青年旅館的床單是要另外付費租用，訂房前要仔細看收費項目。

城市住宿類型

隨著旅遊業的興盛，在各大、小城市尋找住宿並不是件難事。

從星級豪華飯店到平價的青年旅館，在德國全都找得到。而小城鎮也有不同型態的民宿，因此無論是星級式的豪華服務、新型態的居家式套房、背包客式的多人房或是德國媽媽家中的溫馨客房，在德國都可以體驗到。

豪華飯店

德國知名豪華飯店如：柏林東區的阿德隆飯店（Das Hotel Adlon Kempinski Berlin）、漢堡阿爾斯特湖旁的四季飯店（Hotel Vier Jahreszeiten），不僅有五星等級的服務設備，飯店及建築物本身亦有著歷史上的象徵意義，非常值得體驗。其他熱門景點區附近的小城鎮亦有四星級飯店可以選擇。星級豪華飯店的餐廳、酒吧也提供高級餐點飲品，在飯店內亦有紀念品可以購買。

商務型旅館

商務型（連鎖）旅館主要位於中、大型城市的機場、火車站、市中心、商貿展場，或是高速公路交流道附近交通便利的位置。知名的商務型旅館如：麗笙酒店（Radisson SAS）、索菲特酒店（Sofitel）、諾富特酒店（Novotel）、Mercure酒店、宜必思酒店（Ibis）等。

▲ 櫃檯接待處　　　　　　▲ 酒店內吧檯

▲ 位於漢薩城市漢堡的四季飯店

▲ 位於巴登-巴登（Baden-Baden）的三星級商務酒店套房

中小型旅館

在中、小型城市可看到較傳統的當地旅館，然而挑選旅館時，可多留意該旅館的裝潢與設備，若是數十年都沒有翻修或重新裝潢過，那麼房間內的設施或網路相關服務很可能差強人意。反而是外表老舊，但內部重新整修過的飯店房間通常會很新穎，網路或早餐間的設備等都會比較好。

▲ 位於帕紹的一般傳統旅館，內部新裝潢過，房間外亦設有陽台

▲ 中小型並帶點歐洲古典風味的傳統旅館

短租、Airbnb、沙發客

在德國城市市區內常見的住宿還有短租型，如短租（Zwischenmiete）、Airbnb、沙發客等。此類住宿可以深入體驗德國人的居家生活環境，並有機會與當地人交流。這些住宿都有各自的APP可以下載使用。

短租

適合中、長期（2星期～2個月不等）在特定城市

旅行的行程，費用一般是當地的房租價格，視各城市行情而異。

http www.wg-gesucht.de

Airbnb

如同短租，可以住在一般德國人的家中，然而由於費用多以日計算，大約是青年旅館的價位。

http www.airbnb.com

沙發客

免費住宿的沙發客（CouchSurfing）在大城市內也很方便。唯因為是免費的，在地點、住宿相關設備需多方考量後再做選擇。

http www.couchsurfing.com

青年旅館Hostel

在青年旅館住宿，不僅可以節省旅費，青年旅館內的氣氛通常也比正式的飯店更輕鬆，且有機會和其他旅人交流。然而德國各地的青年旅館品質落差大，重視住宿環境以及睡眠品質的旅人應多加比較。可以考慮德國及國際的連鎖青年旅館，如Wombat's、MEININGER Hotel、a&o等，其提供的設施及服務品質較為一致。

青年旅館網站看這裡

http Hostelworld：www.hostelworld.com
http Wombat's：www.wombats-hostels.com
http a&o：www.aohostels.com
http MEININGER Hotel：
　www.meininger-hotels.com
http Independent Hostels of Germany：
　www.german-hostel.de

Five Reasons Hotel & Hostel

巴伐利亞州-紐倫堡

http www.five-reasons.de / ✉ Frauentormauer 42, Nürnberg / ☎ 091199286625

飯店級的設備服務

　　這是一間結合飯店及青年旅館的住宿，位於紐倫堡火車站旁，提供私人房以及多床位房間。整體空間寬敞舒適，無論房間或衛浴設備都非常完備，是間好品質的青年旅館。

▲ 旅館內的公共廚房及衛浴

▲ 簡樸的飯店外觀

青年旅館的廚房

　　青年旅館的公用廚房通常設備齊全。亦會提供公用的鍋碗瓢盆及餐具，有時會有免費茶點或咖啡，房客可自行取用。若是有食物要放在廚房或冰箱，記得要在包裝上註明姓名及退房日期。

◀ 科隆Downtown Hostel 內廚房設備齊全，方便料理三餐

Hostel & Garten Eden

薩克森州-萊比錫

http www.eden-leipzig.de / ✉ Demmeringstraße 57, Leipzig / ☎ 015225181544

藝術家的伊甸園

　　Hostel & Garten Eden藝術青年旅館內的房間，都是由當地的藝術家設計的，在寬敞的房間內，從床架、壁畫到小家具，都有其獨特的主題風格，旅館外還有啤酒花園。

接待櫃檯 ▶

▲ 極簡實用風格的6人房

路上觀察 德國街道名稱由來

　　德國的街道名稱通常都簡單明瞭，通往火車站的路叫Bahnhofstraße(火車站路)；城市的主街叫Hauptstraße(主要街道)，也就是市中心區；Kirchenstraße(教堂路)就是通往教堂的路。亦有以歷史名人或該處曾經盛行的行業來命名。不過有些古城使用的字型不易辨識，事先做點功課，如雷根斯堡(Regensburg)的路標就使用「德文尖角體(Fraktur)」。

郊區、自然景點 住宿類型

隨著旅遊業的興盛，在各大、小城市尋找住宿並不是件難事。

民宿 Ferienwohnung

德國因為有豐富的地理環境，郊區、自然景點區的旅遊觀光產業也很發達，連帶鄰近的小城鎮或是鄉間小路上都看得到民宿，這些民宿外面都會掛上Hotel的招牌，有些還有公告欄告示當日剩餘房間的數量。民宿提供膳食的服務均不同，入住前請詢問清楚（Pension: Halbpension表示只提供兩餐，早+午或晚餐；Vollpension是提供三餐）。

http www.ferienwohnung.de
　　（可下載APP：Fewo-direkt-Ferienwohnungen）

▲ 民宿外的公告欄上張貼著房間圖片和用餐訊息

▲ 位於哈爾茨國家公園內的民宿

餐廳飯館 Gasthof、Gaststätte

餐廳飯館是歐洲早期的傳統住宿之一，以利當時商／旅人在旅程途中可以有用餐和過夜的地方。許多德國小城鎮的市中心或是(歷史性)貿易路線上，都還可以看得到這些餐廳飯館。飯館通常位於餐廳樓上，由於今日多以餐廳為主要營業項目，房間設備及設施則有可能較為簡陋或老舊，不能要求太高。

▲ 肯普登(Kempten)市中心的餐廳飯館的簡易房間，衛浴設備為共用

度假區旅館 Hotel、Resort

熱門觀光景點區如黑森林國家公園、國王湖(貝希特斯加登國家公園)等，無論是滑雪、遊湖或是健行，都非常適合一週以上的假期。許多

歐洲人會直接在國家公園內或鄰近的旅館待上數天。而許多地方的度假區旅館亦會提供水療或是溫泉服務（Wellness Thermen），讓遊客可以盡情享受世外桃源的度假樂趣。

▲ 基姆湖區的度假型飯店

▲ 黑森林區特里貝格的大型飯店

國際青年旅舍YH

德國的國際青年旅舍適合持有YH卡的青年。此類旅舍地點通常位於市區外或是郊區，離一般的市中心及觀光景點的距離大約在3公里以上，

交通上有時不是很方便。青年旅舍除了適合當地學生大團體，也接待個人及小團體。同時旅舍會提供許多郊外的健行、登山戶外等團體活動。

http Jugendherbergen：www.jugendherberge.de
http Hostelling International：hihostel.com

▲ 上方為Youth Hostellung International的標誌，下方為Das Deutsche Jugendherbergswerk(DJH)
▲ 帕紹的青年旅舍位於「主教領地城堡」景點內

露營、露營車
Camping、Wohnwagen、Wohnmobil

在郊區旅行，亦可以選擇自己帶帳篷，尋找合格的營地搭篷過夜。此類營地可以在知名河流旁或是自然／國家公園找得到，僅需支付極少的費用。若是自駕租用露營車，亦可以在網路上查詢所在地附近的露營車營地。營地通常有附衛浴設施，唯餐點需自行料理。

http campingplatz.de、www.eurocamp.de

▲ 杜塞多夫的傳統型青年旅舍，接待學校單位等大型團體

▲ 露營車營地，適合夏日在山林間與大自然共枕過夜

德國各式住宿比一比

住宿類型		價位	地點	餐點	優點	缺點
城市住宿	豪華飯店	€€€€	多位於市中心	早餐	安全、舒適	-
	商務(連鎖)型旅館	€€€	市中心、機場及交通便利之處	早餐	1.安全、有一定的舒適度／2.交通便利	制式化服務,較無法體驗當地文化
	一般中小型旅館	€€	市中心及部分中、小型城市	早餐	方便、簡易舒適	裝潢或是部分設備不一定齊全
	青年旅館	€	中、大型城市,交通便利及不便利都有	無(僅少數提供)	價格便宜、手續簡易	1.入住時間有時需配合服務台上班時間／2.行李及個人物品需自行保管／3.與他人共房,在睡眠品質上有一定程度的影響／4.衛浴共用
郊區、自然景點住宿	民宿	€€€	多位於中、小型城市、郊區及鄉間	早餐(部分提供晚餐)	1.可體驗當地文化／2.於郊區旅行時,可隨時詢問入住／3.部分業者熱心於提供旅遊資訊	舒適、清潔度視各民宿經營而品質不一
	餐廳飯館	€€€	多位於中、小型城市、郊區及鄉間	不一定	1.可體驗當地文化／2.於郊區旅行時,可隨時詢問入住／3.部分業者熱心於提供旅遊資訊	舒適、清潔度視各民宿經營而品質不一
	度假區旅館	€€€€	熱門自然景點區	早餐	1.適合度假型行程／2.提供其他水療或運動設備項目	1.淡旺季訂房價格差易大／2.部分業者淡季不營業
	青年旅舍	€	多位於城市郊區	不一定	提供團體戶外活動項目,有機會與當地青少年互動	住宿環境視旅舍當季接待團體而定
	露營、露營車	€	自然景點區	無	與大自然接觸	1.需自備帳篷或露營車／2.衛浴共用

註:實際餐點及相關設備情況,以訂房時各飯店所提供資料為主。

▲ 位於杜塞多夫的Backpacker Hostel 特色青年旅館

▲ 與多人共房的背包客住宿體驗,非常適合想要透過旅行來認識世界各地朋友的年輕人

▲ Hostel裡的多人房,通常都是雙層床

飲食篇
Gourmet

在德國，吃什麼風味美食？

德國大城市飲食文化非常的多元及國際化，而在中、小型城市則可常看到來自
當地最傳統的菜色。其中北德和南德的口味又很不一樣，甚至各城市還會有屬
於該城市的特色香腸和啤酒！

德國用餐須知

體驗當地不同的用餐文化，為旅程帶來更多收穫！

德國人的一天三餐

早餐 Frühstück

　　早餐對德國人來說很重要，大部分的麵包店6點左右就會開始營業。健康的五穀雜糧麵包、簡單的扭結麵包及可頌、口味較甜的西式麵包，或是沙拉三明治，再配上一杯咖啡就是一般德國人的早餐。家庭式早餐，麵包通常會搭配許多不同的抹醬（奶油、水果抹醬、蜂蜜、巧克力醬等），或是火腿、起司片，牛奶或優格加什錦麥片（Müsli）也很常見。

▲ 咖啡、果汁搭配麵包及優格麥片，是德國人平日的早餐

▲ 手工雜糧麵包加上4種不同風味的果醬，加上香濃的咖啡，是特色咖啡店內的早餐特餐

午餐 Mittagessen

　　傳統的德國午餐主要為熱食，用餐時間通常在11:30～14:00之間。通常以肉類為主食（如肉排、香腸、燉肉醬汁），搭配馬鈴薯、麵條、扁豆或米飯。素食類的有以香菇為主食的白醬汁，以及其他熟食蔬菜或是沙拉。在素食及速食主義盛行的影響下，麵包類、超市裡的沙拉吧、貨架上的速食麵食，或是壽司餐盒，都是德國忙碌的年輕人及上班族的主要選擇。

▲ 燉牛肉及白酸菜加上德式饅頭（Dampfnudeln，時小梅自製），就是一頓家常午餐

晚餐 Abendessen

　　德文常聽到的「Abendbrot」直譯為「晚間麵包」，許多德國人晚上會吃麵包，加上酸黃瓜或火腿。一般的熱食有肉類，或是含有馬鈴薯或扁豆燉菜（Eintopf）及其他蔬菜的濃湯也很常見。麵食如南德傳統麵疙瘩、餃子類。因長期受異國飲

食文化影響，義式披薩、義大利麵或是中東國家的食物亦是德國人晚餐的桌上佳肴。

海鮮料理（搭配白醬汁）在北方如漢堡或梅克倫堡州靠海的地區較常見。

▲ 香菇醬汁加上德國馬鈴薯丸子(Knödel，時小梅自製)　▲ 德式餃子亦可在家自己做(Maultaschen，時小梅自製)

▲ 常見的德式料理主餐，牛肉搭配麵疙瘩

餐點形式

德式餐廳會提供前菜、主餐、甜點及飲品。點餐時，可以只選擇主餐及飲品，前菜及甜點可視個人需求做選擇。主餐形式主要是以肉類（含醬汁）、魚類爲主，搭以麵食或馬鈴薯，一份餐點爲一人份。

前餐 Vorspeise

前餐主要爲湯品類如南瓜、甜菜根濃湯或是燉肉湯；各式沙拉目前在德式餐廳也普遍，唯點菜前可先詢問沙拉的分量是多人還是一人份。

部分餐廳的商業午 ▶
餐會提供沙拉前餐

主餐 Hauptspeise

主餐多爲肉類、香菇類（含白醬汁）的料理，搭配水煮／煎馬鈴薯、馬鈴薯丸（Knödel/Klöße），或是馬鈴薯沙拉，南德地區則常見肉類搭麵食、煎馬鈴薯或燉扁豆，配菜多爲白酸菜或紅酸菜。

餐後甜點 Nachtisch / Nachspeise

德式餐廳的甜點選擇種類不多，最常見的爲維也納蘋果捲（Apfelstrudel），有些餐廳會提供熱的蘋果捲加上一球奶油或冰淇淋。巧克力塔、水果小拼盤及冰淇淋亦是當地受歡迎的甜點。

飲料 Getränke

德式餐廳提供的飲品主要爲啤酒、咖啡、果汁、茶和礦泉水，部分餐廳也提供紅／白酒。點餐後，通常飲料會在主餐前就提供，餐後可以再點一杯飲品。一次用餐，點上2～3次飲料是正常的，服務生有時也會到桌前詢問是否要續點。德國餐廳不提供免費的茶水，可以詢問是否提供自來水（免費）。

用餐後來一杯清涼的啤酒，是最好 ▶
的選擇

餐廳種類與用餐文化

以啤酒代茶，體驗最道地的德意志民族飲食風情！

一般餐廳

服裝

一般餐廳對服裝不會有特別的要求，只要穿著合宜的外出服飾都可以。當然，若是在特別場合，如在高級飯店附設的餐廳，符合基本社交場合禮儀的服裝是必要的。

點餐

大部分的餐廳，若沒有特別告示要等候服務生帶位，都是可以自行找座位的。入座後，和服務生打個招呼，並等候他們送菜單過來。一開始可以先點飲品，並告知需要多一些時間考慮餐點。然而，當餐廳人多時，建議一次就點完所有餐點，以免等太久。

許多中、小型城鎮▶
的餐廳只提供德文
菜單

用餐過程

用餐過程中，服務生通常會前來詢問菜色是否好吃，這時只要簡單回應好吃（或不好吃）即可。如果覺得好吃可以回答「Sehr gut!」，如果餐點差強人意，可以只回答「Gut.」主餐用完後，可以決定是否續點其他甜點或飲品。

結帳

買單時，向服務生招手說：「Zahlen, bitte!」。由於德國仍有許多傳統餐廳只接受現金付款，若欲使用信用卡付款，應先詢問該餐廳是否接受刷卡。（或是進入餐廳前先看店外告示接受付款的方式。）有些餐廳僅接受定額以上才能用信用卡付款。

小費

付小費文化在德國很普遍，然而付多少小費可以依照餐廳種類以及個人對用餐的滿意度決定。小費文化也適用在一般的咖啡廳或是簡餐餐廳的單點飲品，小費金額則不如正式餐廳高。

結帳金額	付款	方式	服務員的結帳方式	顧客表達方式
€48,60	可付€50～55	現金 (in Bar)	服務生帶收據及一個黑色皮夾來，會直接在座位上找零	直接給€50(或一個你要給的整數)，然後說：「Passt schon.」或是「Stimmt so.」
€26,40	€27～30都可	刷卡 (mit Kreditkarte)	服務生會帶無線的刷卡機到座位前，直接刷卡	刷卡之前，要告知店員要刷的金額

酒吧

酒吧在德國可以稱作Pub、Bar或是Kneipe，是除了餐廳之外，德國人重要的社交場所之一。有足球賽時，酒吧是足球迷聚集觀賽的地方。一般酒吧內會提供啤酒龍頭（von Fass）的新鮮啤酒，亦有其他飲料及烈酒。中、大型城市內的酒吧通常較多年輕人，氣氛也非常的熱鬧。

▲ 柏林小珂拉酒吧舞廳(結合餐廳)有著百年的歷史

 豆知識

德國餐廳用餐習慣

大部分餐廳店外都會有菜單，可先在店外看是否有自己喜歡的菜色，再決定是否選擇該店家。前菜、主餐、甜點及飲料算是一個完整的套餐(Menü)，但也可以視個人喜好只點主餐加飲料。用餐時，氣氛其實很輕鬆，通常會一起等餐點來了，同時開動，飲料和甜點亦然。若同桌友人餐點先來或開動時，可說聲：「Guten Appetit！」祝他用餐愉快。

店家外通常都▶
會有張貼菜單
的告示牌

啤酒花園及啤酒餐廳

德國各地城市鄉鎮，甚至修道院都會有自家釀造的啤酒，這些啤酒都非常新鮮。而啤酒花園則是德國重要的傳統之一，夏季時，露天座位經常滿客，一杯接著一杯的大飲清涼啤酒，而店內幾乎空無一人。啤酒餐廳則如慕尼黑知名的皇家宮庭啤酒餐廳，結合巴伐利亞傳統文化，提供道地餐點及音樂，此外，小城鎮亦會有當地傳統的啤酒餐廳。

▲ 韋爾騰堡修道院啤酒花園，有世界最古老的修道院啤酒釀製歷史

行家祕技 德文菜單看不懂怎麼辦？

德文菜單寫法都很實際，通常會先列菜名(即食物名稱)，下方的小字是該道菜使用的配菜或食材，如烤馬鈴薯、馬鈴薯泥、白(紅)酸菜沙拉、麵包、洋蔥、香菇、蘿蔔等，以及製作的方式，如燉煮、煎、烤。

餐廳不一定會有英文菜單，通常也很少會附圖片。點菜時，建議用手機直接輸入菜名，以圖片搜尋。或是行前先查詢選定餐廳的官網找菜單(Speisekarte)，事先了解菜色及價位。

餐點下方都會▶
註明所使用的
食材，或是行
前可以先上餐
廳網站查看

德國各地美食

從重口味的德國豬腳到清淡簡單的扁豆泥配麵疙瘩，德國各地的美食有著強烈的地區性特色，即便是同樣的食材，各地的料理方式也會不同。旅行時，別忘了到道地的德式餐廳一嘗德國最傳統的美味佳肴！

柏林

德式燉豬腳
Eisbein

德國北部的燉豬腳多以豬的後小腿部分(以水或是啤酒)燉煮。配菜通常是德式的白酸菜及水煮馬鈴薯。燉豬腳在不同地區有不同的說法如：Schweinshaxe、Hachse、Bötel。

柏林

柯尼斯堡丸子
Königsgerger Klopse

是德國東北部地區和柏林特有的餐點，美味可口的肉丸搭配有著檸檬和奶油香味的白醬，口感清爽，適合喜歡清淡肉類料理的旅人。

法蘭克福

法蘭克福牛肉香腸
Frankfurter Würstchen

以牛肉餡製作的香腸是法蘭克福的特色，由於顏色較深，有時也被稱作紅香腸。在餐廳裡會以麵包及德式酸菜搭配，當然還少不了黃芥茉醬。

柏林

柏林豬肉餅
Berliner Boulette

以高溫油煎的柏林豬肉餅，口感有如漢堡肉排，香氣濃厚。通常會搭配時令沙拉或馬鈴薯沙拉及醃製的小黃瓜！

魯爾都會區

咖哩香腸
Currywurst

魯爾都會區是咖哩香腸的起源地之一，由豬肉香腸佐以酸甜的番茄醬，再灑上咖哩粉、甜椒粉。點餐時可以加點小麵包，以增加飽足感！

施瓦本地區（巴登－符騰堡州）

麵疙瘩
Spätzle

德國南部傳統餐廳，肉類配麵疙瘩隨處可見。而在施瓦本地區又以各式扁豆(Linsen)為特產，因此可看到扁豆配麵疙瘩(也可加上香腸)的餐點。

德式餃子
Maultaschen
施瓦本地區（巴登－符騰堡州）

餡料用豬絞肉加上菠菜及佐料製成，製成餃子後，各地都有不同的料理方式。常見有加入洋蔥菜湯做成湯餃，或是以平底鍋煎，偶爾也可見搭配白醬的組合。

煎鮮鯡魚
Gebratene grüne Heringe
北部沿海地區

以鯡魚(Hering)和蟹肉(Krabben)為主，配菜馬鈴薯佐以洋蔥、蘋果、黃瓜、雞蛋和美乃滋，是北德特有的馬鈴薯沙拉配方。在漢堡市又以鰻鱺魚湯(Hamburger Aalsuppe)聞名。

飲食篇

阿爾高地區
（巴登－符騰堡州）

起司麵疙瘩
Käsespätzle

阿爾高地區以高山起司聞名，麵疙瘩的形狀較短小，再以當地的起司為醬，搭配炒洋蔥(通常會炒至焦黃色)。香濃的起司非常好吃！

巴伐利亞州

維也納式豬肉排
Wiener Schnitzel mit Pommes

巴伐利亞州除了德式豬腳外，炸豬肉排亦非常普遍。金黃酥脆的外皮包裹著多汁的肉排，配菜多為炸馬鈴薯及簡易的沙拉(少數餐廳的肉排會有醬汁)。

巴伐利亞州

德式豬腳(南德)
Schweinshaxe

德國南部的烤豬腳，豬腳和蔬菜醬料都會先各別處理後，再將食材一起放進烤箱約2個小時。外皮酥脆肉汁美味的豬腳通常搭配馬鈴薯丸子和德式酸白菜。

巴伐利亞州

德式香煎豬排
Schweinebraten

傳統巴伐利亞菜色，煎烤過的帶皮豬肉切片，再淋上以黑啤酒燉煮的蔬菜醬汁，當然少不了馬鈴薯丸子、酸菜及啤酒！

圖林根州

圖林根香腸
Thühringer Rostbratwurst

特色在於外皮有先煎烤過，而馬鈴薯丸子(Thüringer Klöße)在當地也很有名，吃得到新鮮馬鈴薯泥(有些地區會用粉製作)，在餐廳有時會附上紅醬汁以及分量足夠的酸白菜！

行家祕技 實用餐廳APP推薦

在陌生的城市裡尋找美食並不難，只要打開Google Map就可以立即定位，搜尋到評價好又合口味的餐廳。這裡推薦3個餐廳APP，在Google Play或Apple Store都可以下載。

Tripadvisor

Yelp

OpenTable

路上觀察 素食與全素飲食

德國傳統飲食以肉類、香腸、火腸為主，但近年素食(vegetarisch)及全素(vegan)的飲食已越來越普及，以因應時下強調健康及道德議題之年輕人的需求，在中、大型城市的許多新穎餐廳裡都會提供素食餐點，少數餐廳還會提供全素飲食，唯小城市仍是較少見。除了素食、全素飲食之外，有些餐廳或是咖啡店的簡餐也會提供BIO有機飲食的餐點。

德國香腸

無論在德國哪一個邦州，總是會有自家獨特的香腸口味，內餡配方有分牛肉、豬肉(或羊肉)，以及粗或細的絞肉，製成不同的尺寸後，又有不同的烹調方法如水煮、煎或烤，最後再淋上不同的醬汁如番茄醬、蜂蜜芥茉醬或是咖哩粉，因此每州都有各自的特殊香味及口感！

德式香腸在街頭攤販可見到夾著麵包吃，也可以在德式傳統餐廳見到被端上檯面成為主食佳肴，這就是德國的特色美食文化代表！

▲ 不同尺寸及口味的烤香腸

▲ 水煮香腸(0.5公尺)

行家祕技 傳統肉舖Metzgerei

每個城市巷弄裡都找得到傳統肉舖，除了提供各式生肉類，還有販售各式醃製香腸、生火腿、火腿沙拉、各式起司乳酪，亦有熱食肉品區，如炙烤豬肚、豬排、烤半雞、烤雞腿……等，這些餐點都是稱重後計價。同時也會販售簡式午餐。若是在小城鎮旅行覓食，別忘了傳統肉舖也是可以補充體力的站點喔！

慕尼黑白香腸 Müncher Weißwurst

慕尼黑白香腸豬肉的肉餡細，通常會有其他香料調味，香腸外皮可以食用或是去除。作為餐廳主菜時，主要以水煮的方式搭配白醬汁或是甜芥茉醬，有時當地人也會以白香腸當作早餐。

▲ 在十月啤酒節慶典上，亦有現場煎烤的慕尼黑白香腸搭配小圓麵包

紐倫堡香腸 Nürnberger Bratwurst

一樣是來自巴伐利亞州的紐倫堡香腸，尺寸小巧許多，因此以數量取勝，通常一份裡會有3～6條香腸。香煎酥脆的口感吃起來不油膩，搭配甜芥茉醬是最好的選擇。

紐倫堡煎香腸細短扁小，香腸肉餡香料味豐富口感厚實，非常好吃

德國麵包

飲食篇

麵包是德國人的主食，使用的穀類如斯佩耳特小麥(Triticum spelta)、黑麥、大麥等，在麵包的製作及烘焙作法上非常多元，麵包的種類之多，達3百多種，其「德國麵包文化」(Deutsche Brotkultur)甚至已被列入UNESCO世界文化遺產(非物質)。手工傳統麵包健康又好吃的祕訣除了優質穀類的選擇之外，在於使用天然酵母酸麵團(Sauerteig)以及傳統烤爐(Holzofen)製作。外皮酥脆，麵包心鬆軟，咬一下就散發著穀香味，就是正統的德國麵包！

▲古早味風格的麵包店，別忘了入內探一探，也許當地最好吃的麵包就在這裡

▲位於曼海姆的TANS Brotboutique麵包店，現場製作的蕎麥五穀雜糧麵包口感扎實，小圓麵包則是酥軟可口

健康的五穀雜糧麵包

五穀雜糧麵包有全麥、黑麥(裸麥)、小麥、斯佩耳特小麥等，烘焙時麵包上會再灑上燕麥、葵花籽、南瓜子等堅果碎粒。這類大麵包會搭配果醬或起司、火腿肉片一起吃。

▲購買時可以只買半條，並請服務生將麵包用機器切片，方便旅行時食用

扭結麵包 小圓麵包 起司麵包

德國名產除了扭結麵包，以及其他灑上不同穀類的小圓麵包外；另外亦有起司、橄欖麵包、法式奶油或巧克力可頌，這些幾乎是每家麵包店的基本款。

▲大部分的麵包店內亦提供熱食如火腿肉片(Fleischkäse)，夾在小圓麵包內一起食用，是旅行時解饞的好選擇

三明治麵包
夾沙拉火腿

麵包店也常看到小圓麵包夾沙拉生菜、起司片、番茄片、水煮蛋及火腿片，少數麵包店會有吐司類的三明治。

三明治吃起來清爽，而且也很有飽足感。

▶ **新鮮現做的三明治**

☕ **豆知識**

德國麵包界的台柱—扭結麵包

基本上所有的麵包店裡都看得到Laugen系列的麵包，Laugen系列作法特殊，在烘焙前會先過鹽水，以此提升麵包的風味，口感扎實是其特色，例如扭結麵包(Brezel)、麵包棒狀(Stange)、角狀(Ecke或Spitze)、小圓麵包狀(Brötchen)等。

吃扭結麵包時，若不喜歡上面的海鹽可用手剝掉。不同城市的扭結麵包，口感也有很大差異，聽說慕尼黑的Richard麵包店賣的扭結麵包是最好吃的，旅行時別忘了親自見證一下喔！

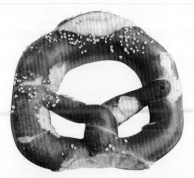

德國啤酒

啤酒文化是德國人重要的文化資產，從成分到釀造過程，都要嚴格遵守德國的「啤酒純釀法」(Reinheitgebot)，以確保啤酒的原始風味。啤酒花、麥芽、酵母和水即是啤酒最基本的成分，各家釀製廠必須在符合規範的標準之下，釀造出不同風味特色的啤酒。現在市面上雖然已被允許有調和及其他口味的啤酒，然而以純正方法製造的新鮮啤酒仍是德國人心中的第一選擇。

常見的
啤酒種類

小麥啤酒有Hefeweizen、Weißbier；大麥啤酒則以釀造時，大麥麥芽烘焙的程度及其他因素，造成酒體呈色的深淺度不同來命名，Hellbier表示顏色較淡、Dunkelbier顏色較深、Schwarzbier則顏色更深黑。最重要是啤酒的風味也會因烘焙而有所差異，其中以黑啤酒的甜度最濃。

▲ **德國各城市都有自家特有的啤酒品牌**

最新鮮的啤酒直飲

想要品嘗最新鮮的啤酒，當然是從啤酒龍頭供應。德國各城市都會有當地指標性的啤酒餐廳，他們自行釀造啤酒並在店內直接供應，冰涼適溫、口感清爽，美味程度絕非瓶裝啤酒可比擬。

貼心 小提醒

無酒精啤酒一樣清涼暢快

德國啤酒酒精濃度大約5%。若平常不喝酒類飲品或是旅行時不想喝啤酒影響體力，購買罐裝啤酒時，可以選擇有Radler字樣的啤酒，代表淡啤酒，有些Radler是無酒精(Alkoholfrei)，若成分標示沒有寫0.0%，則代表含有微量的酒精。另外，多數餐廳也都會提供無酒精啤酒，點餐時可以特別詢問。

▲ 多瑙埃興根當地餐廳，提供瓶裝的Fürstenberg啤酒

▲ 拜律特啤酒餐廳新鮮的皮爾森啤酒

路上觀察 咖啡、茶、葡萄酒

除了啤酒，咖啡亦是德國人最喜愛的飲品，如卡布其諾或是牛奶咖啡(Milchkaffee)，都是早餐和下午茶必備熱飲。好喝的咖啡建議找自行烘焙咖啡豆的咖啡專賣店，或是義大利式、西班牙式的小咖啡店。

花草茶熱飲在餐廳或麵包店都有，但在餐廳內較少看到德國人點茶類。反而是在家中多以茶包沖泡為主。葡萄酒亦是德國人的最愛，尤其是萊茵內卡河地區和法蘭肯區的美茵河地區特產葡萄，白葡萄酒世界聞名，前者有雷司令，後者有西萬尼，都值得品嘗！

▲ 威瑪舊城區餐廳，Radeberger皮爾森啤酒

▲ 萊茵內卡河地區著名的白葡萄酒(葡萄酒路線之旅 Weinstraße-Bockenheim)

▲ 慕尼黑啤酒餐廳，Augustiner Weissbier白啤酒

蛋糕、甜點

在城市的舊城區或是火車站附近常常可以看到「Konditorei」（或Confiserie）甜點蛋糕店，大部分的店家外面只會寫咖啡店。德國人不只喜歡吃麵包，也很愛吃蛋糕類的甜點，搭配咖啡當作下午茶。而甜點的製作複雜度和種類亦不輸給麵包。一般連鎖麵包店都可以買得到蛋糕，然而真正好吃的家常德式蛋糕，仍要靠旅人的功力在大街小巷中挖寶了。

▲ 位於拜律特火車站旁，有著百年歷史的蛋糕

黑森林櫻桃蛋糕
Schwalzwälder Kirschtorte

源自黑森林地區的黑森林櫻桃蛋糕，綿密的奶油加上櫻桃及巧克力，口感酸甜。

覆盆子莓蛋糕
Himbeerkuchen

莓類亦是德式蛋糕常見的口味，除了覆盆子外，亦有黑莓（Brombeeren）及醋栗（Johannisbeeren），還有季節限定的草莓（Erdbeeren）蛋糕。

西梅李蛋糕
Zwetschen-kuchen

以黑棗、蘋果加上杏仁片等材料製作的西梅李蛋糕，味道酸甜，是德國人最喜歡的甜點之一。品嘗時通常會再加上一球濃郁的鮮奶油！

圖片提供 / Dieter Kaufmann & Agnes Heapp

▲ 麵包店內的莓果類蛋糕很受歡迎

德國季節美食

採收，德國人常提著竹籃往林地走，出來時已提著滿滿的香菇收成。

白蘆筍、草莓
Spargel & Erdbeeren
4月底～6月

春末夏初之際是白蘆筍和草莓的盛產季，無論是一般市集或連鎖超市，都會擺出滿滿的大特賣。品質好的白蘆筍粗大又多汁，吃起來口感非常清爽。傳統料理為水煮白蘆筍及馬鈴薯，再搭配荷蘭醬（Hollandaise）。

▲ 傳統的德國白蘆筍料理（時小梅自製）

▲ 位於施韋青根的白蘆筍和草莓攤位

南瓜、香菇
Kürbis & Pilze
10月

秋冬之際是南瓜盛產的季節。德國的南瓜種類非常多，通常在10月底的秋季豐收節（Erntedankfest）市集上看得到。夏末及秋季亦是德國採菇協會的活動旺季，森林裡會有許多種類的香菇可以

▲ 市集上各式各樣的南瓜

▲ 香菇種類雖多，但需要對菇類有一定的認識，能夠辨別有毒的菇類，才能放心食用

聖誕節市集美食
11月底～12月

11月下旬開始，大城小鎮裡會陸續出現聖誕市集，琳瑯滿目的攤位，可說是美食大集合，某些大城市（如紐倫堡）甚至會有國際小吃攤位（如法國、西班牙）。聖誕節主要的特色美食有：香料葡萄酒（Glühwein）、薑餅（Lebkuchen / Lebkuchenherz）、聖誕葡萄捲（Weihnachtsstollen）、當地特色香腸（Bratwurst mit Brötchen）。

▲ 熱熱的香料葡萄酒是市集內必嘗飲品，飲用完後，可將有付押金的杯子退回給攤位或帶回家做紀念

▲ 以堅果、香料等新鮮材料製成的薑餅。紐倫堡的薑餅是全德最有名的

旅行時不一定餐餐都想到餐廳吃，偶爾換個口味，超市裡也有眾多好選擇！

在超市裡找平價美食，不僅可以省荷包，亦可以體驗當地人日常的生活飲食。全國性的連鎖超市如EDEKA、REWE、ALDI以及LIDL，都是大型的綜合性生鮮超市，其中又以EDEKA、REWE提供的生鮮蔬果品質較好、種類也多，許多還會提供現做烤雞等熱食。

　幾乎所有的超市都可以用信用卡付款，非常方便。一般盒裝食品都會陳列在超市的入口處，不過超市店面通常都很大，建議晚上行程結束後再去採買隔天的糧食。

沙拉吧、水果

　大間超市有新鮮沙拉吧，除了蔬菜如甜椒、生菜、玉米、火腿片、南瓜籽穀類等基本款之外，亦會有鮪魚、綜合橄欖沙拉、馬鈴薯沙拉、冷麵沙拉。都附有餐盒及餐具，種類自行搭配，以重量(公克)計算，一旁亦提供橄欖油、醋等醬料。中、小型超市則有盒裝沙拉可購買。超市的水果種類不多，香蕉、蘋果、酪梨、柳橙四季都有，其他季節性水果如葡萄、李子、草莓等。

壽司餐盒

　在大型超市入口處可以看到盒裝壽司。壽司種類非常多，最常見的如黃瓜小捲、酪梨小捲和加州捲等綜合壽司，也有盒裝的餃子。醬料會附在盒子裡或是放在貨架旁。部分REWE亦販售三角飯糰。

貼心 小提醒

結帳記得拿收據

　結帳時，收銀員最後都會問要不要收據(Beleg? Quittung? Kassenbon?)，如果購買的物品可能涉及退換貨，請記得拿收據，否則回覆一聲不用(Nein)即可。

奶製品類、起司

德國奶製品與起司的種類多到會讓人眼花撩亂。基本上早餐可選新鮮牛奶（Frische Milch）、保久乳（Haltebare Milch）、優格（Joghurt）。Quark或是其他濃度較高的奶製品通常是製作料理時用的。奶油（Butter）、奶油乳酪（Frischkäse）也有不同口味，質地濃稠，可以抹在麵包上吃。

德式及義大利式包裝麵食

非冷凍式的包裝麵食，德式口味如麵疙瘩、菠菜餃子，義大利式則如義大利餛飩，這類麵食料理方便快速，適合在青年旅館內自行製作晚餐。亦有袋裝或盒裝的乾麵條，只需用水煮熟，再拌入PESTO醬或罐頭番茄醬。住宿點若有烤箱，也可選擇冷凍披薩。

盒裝鷹嘴豆泥抹醬、橄欖沙拉

在超市入口處的鮮食區還有各式盒裝抹醬（Hummus），主要由鷹嘴豆泥製成，味道香濃，口味多樣，如芒果咖哩、乾番茄、BBQ風味等。橄欖沙拉則有黑、綠橄欖加上菲達起司（Feta Käse）等，都非常適合搭配五穀雜糧麵包。

蜂蜜、果醬

蜂蜜和果醬是麵包的好朋友，在德國的銷售量驚人，超市貨架上的選擇多到不勝枚舉。市售蜂蜜有野花蜂蜜（Wildblütenhonig）、向日葵蜂蜜（Sonneblumenhonig）、洋槐蜂蜜（Akazienhonig）等，品質則以單純由德國蜂農生產的當地蜂蜜較佳，其他混合蜂蜜品質則不一。莓類的果醬是最常見的，超市裡會有小罐裝的，非常適合攜帶。

火腿片、煙燻肉片、香腸

生食火腿片、煙燻肉片和起司一樣，有切片包裝，口味也很多，方便直接放在麵包上面吃。包裝香腸（需加熱後食用）亦有豬肉、牛肉或是豬、牛肉混合的肉餡。

堅果類、葡萄乾、巧克力

超市內有包裝的堅果如杏仁、核桃、榛果和腰果，另外也有葡萄乾等梅類蜜餞，都非常適合整天在外的行程，隨時補充熱量及止飢。最受歡迎是寫有Studentenfutter的綜合堅果。德國巧克力便宜又好吃，但夏季旅行時，要留意巧克力可是會在背包中融化的。

異國風美食

義式、美式、土耳其或是亞洲餐點，都可以在德國找得到。

德國多元文化的社會，也造就了多元文化的飲食，各式各樣異國美食任君選擇。其中又以義大利、土耳其、阿拉伯、印度、越南、中國餐廳最常見；在柏林、科隆、埃森或是曼海姆這些大都會區的城市裡更是連葉門餐廳、波斯餐廳都找得到。在德國旅行，有機會也可以品嘗一下在國內不容易接觸到的異國料理哦！

以看得到。其招牌多爲「Ristorante」或是「Pizzeria」。餐廳內提供各式義大利麵及現烤披薩，飲品通常會有汽水可選擇。

義大利餐點

義式餐廳在德國非常普遍，幾乎在各城市都可

▲ 簡單的義大利餐廳商業簡餐

▲ 瑪格麗特披薩，位於美茵茲的義式餐廳

土耳其餐點

德國因早期土耳其外來勞工歷史因素，許多土耳其人在此落腳，並把家鄉的美食帶來德國。土耳其美食如土耳其旋轉烤肉（Döner Kebab、Döner Dürüm）、炸鷹嘴豆丸子（Falafel），很適合在旅行時快速補充能量。

▶可口美味的Dönner。以由阿拉伯麵包搭配生菜沙拉及肉片，再選擇自己喜歡的醬料（優格、辣味等）

▲炭烤味香濃的Akçaabat Köftesi套餐在土耳其餐廳都可以吃得到

美式及拉丁美洲式餐點

在柏林或法蘭克福等國際大城市會有許多結合酒吧的美式餐廳，提供的餐點有美式牛肉漢堡、沙拉、薯條等。大都會區的城市亦找得到自助吃到飽的美式早餐。

▲法蘭克福美式餐廳的漢堡套餐

▲位於杜爾拉赫（Durlach）的美式烤雞

地中海、中東、及阿拉伯式餐點

在德國的中、大型城市，都可以看到來自地中海鄰海國家、中東或阿拉伯國家的餐廳。地中海式餐廳（mediterrane Küche）如希臘式、黎巴嫩式等；阿拉伯式（arabische Küche）餐廳則有許多沙拉、捲餅、烤肉及肉丸（Frikadelle）可以選擇。

▲鷹嘴豆泥抹醬搭配阿拉伯大餅

亞洲餐點

亞洲餐廳舉凡越南、印度、泰國、中國、日本、韓國美食，在德國都不算少見。日本壽司及印度料理可以說是最受歡迎的亞洲飲食。韓式餐廳則不如日式普及。東南亞餐廳或小吃則可以在大型購物中心或是火車站地下街看得到。

▲中式餐廳在德國是以桌菜的方式點餐，價位亦較高

▲越南餐廳在各大購物商場的美食區常可看見其蹤影

餐廳推薦

在德國，有可以吃得到Currywurst的Imbiss速食餐廳，也有專門提供海鮮餐點的連鎖餐廳。傳統的德國美食更是琳瑯滿目，從北部到南部各個邦州都有各自的風味特色。如何在緊湊的行程中，挑對美食不失手呢？

南德風味
Ochs'n Willi

http www.ochsn-willi.de / ✉ Kleiner Schlossplatz 4, Stuttgart / ☎ 071 12 26 51 91 / ⏰ 每日11:00～23:30 (聖誕節及新年營業時間會有異動) / 💲 €€€ / ➡ U-Bahn Schlossplatz站，出站後找到Kunstmuseum Stuttgart，面對博物館的左邊就是Kleiner Schlossplatz

Ochs'n Willi位於德國巴登-符騰堡邦的斯圖加特市中心。從店內裝潢到菜單設計，都可以感受到濃濃的南德風味，適合2～3人一起來用餐。香酥的德國豬腳「Knusprige Riesenhaxe」是Ochs'n Willi的招牌料理，現場也有沙拉吧，再點一杯清涼的啤酒，就不枉來過一趟德國了。

▲ 天氣晴朗時，戶外及陽台的座位都會開放

▲ 店內裝潢保有傳統的德國餐廳風格

▲ 牛排是饕客們的首選，但若是在夏日微暖的午候，午間特餐(Tageskarte)也有提供清爽及分量中等的豬肉凍

巴伐利亞美食
Servus Heidi

http www.servusheidi.de / ✉ Landsberger Straße 73, München / ☎ 089 55 27 63 03 / ⏰ 週二～六17:30～00:00 / 💲 €€ / ➡ BUS 39線，往Pasing Bf.方向，Schrenkstrße站下車，走Landsberger Straße，約3分鐘

「Servus!」你好！是南德特有的打招呼用語。道地的巴伐利亞美食以及啤酒，優質服務加上店內活發的氣氛，是這裡的招牌。所有的餐點及飲品在官網上(進入首頁後，點選「Speisekarte」菜單)都可以看得到，別忘了先做好功課哦！

柏林歷史最久的餐廳
Zur Ietzten Instanz

http www.zurletzteninstanz.com / ✉ Waisenstraße 14-16, Berlin / ☎ 030 242 55 28 / ⏰ 週一、二、四～六12:00～15:00、17:30～打烊 / 休 週三及週日 / 💲 €€€ / ➡ 搭乘U2至Bhf Klosterstraße站下車，往Naturdenkmal方向，沿著Parochialstraße直走，即到Waisenstraße及目的地

自1621開業的「最後的審判」是柏林非常有名的餐廳，歷史上許多名人都曾光顧過，拿破崙曾在餐廳內一座200歲的瓷磚爐灶前用過餐呢！無論內部裝潢氣氛或是服務都非常有特色。傳統北德菜色如德國豬腿、柯尼斯堡丸子都可以在這裡吃到。

▲ 用餐前先預約，也許有機會可以在歷史景點座位上用餐

點餐別忘：蘋果酒
Ebbelwoi Unser

http www.ebbelwoi-unser.de / ✉ Abtsgaesschen 8, Frankfurt am Main(入口在Kleine Brückenstraße 5) / ☎ 6915345128 / ⏰ 週日～四17:00～00:00，週五～六17:00～01:00 / $ €€～€€€ / ➡ U-Bahn，Lokalbahnhof站下車，走Hedderichstraße轉Martin-May-Straße。直走到底的Schifferstraß。左轉後一小段即右轉Abtsgaesschen

法蘭克福人氣很高的用餐地點，隨時都是高朋滿座。餐點有前菜湯品、沙拉，主餐有各式香腸拼盤，也有讓人可以大快朵頤的烤肋排、豬排及牛排。用餐時別忘了點上一杯法蘭克福特有的蘋果酒，以及再來一份香草肉桂的蘋果捲。

▲ 法蘭克福的蘋果酒清爽可口

頂級牛排
Estanicia Steaks

http www.estancia-steaks.de / ✉ Große Reichenstraße 27, Afrikahuas, Hamburg / ☎ 040 3038 4280 / ⏰ 週一～五12:00～15:00及17:30～22:00，週日休息，週六17:00～22:00(僅開放特定月分，需上網查詢) / $ €€€～€€€€ / ➡ U-Bahn，Rathaus站下車，走Mönckebergstraße到手機店，再右轉Schmiedestraße，接著直走到Domstraße右轉，走一小段路後左轉，就可以看到Große Reichenstraße

想要在德國大啖一番大分量的牛排，到漢堡的Estanicia Steaks準沒錯。牛排的肉質及料理的方式深受當地人及觀光客的喜愛，是德國難得一見的頂級牛排店。

皇家宮庭啤酒屋
Hofbräuhaus in München

http ww.hofbraeuhaus.de / ✉ Platzl 9, München / ☎ 089290136100 / ⏰ 每日11:00～24:00 / $ €€€ / ➡ 搭乘S1～S8或U4～U5至Marienplatz站下車，步行約5～10分鐘

巴伐利亞州最有名的啤酒餐廳，源自於慕尼黑的皇家宮庭啤酒屋，餐廳內總是充滿穿著傳統服飾的樂隊歡樂的伴奏，雙手常常端著5杯以上公升啤酒的服務人員在座位間穿梭，非常熱鬧。

如果不能參加慕尼黑啤酒節，至少要到皇家宮庭啤酒屋(Staatliches Hofbräuhaus in München)喝一杯有HB皇冠標誌的正宗啤酒才行，喝啤酒時，也別忘了點一份特大號的扭結麵包搭配喔！目前在其他城市也都有分店，就算不到慕尼黑，亦可以在分店體驗道地的巴伐利亞美食。

▲ 作為德國熱門的旅遊景點之一，從啤酒屋的室內裝到服務人員的穿著，都帶有濃厚的巴伐利亞邦的傳統文化

購物篇
Shopping

在德國，買什麼紀念品？

「德國製造」品質享譽世界，來到德國不僅要挑選到最好的精品、瓷器及廚具，物美價廉的日常生活用品也不可錯過。此外還有傳統節慶及二手市集一樣可以挖寶；地區性的特產紀念品更是美好回憶的見證！

德國購物須知

購物商場大多營業至20:00，超市假日及節日均休息。

德國人不只愛旅行，也很愛消費，從實體店面到網路購物都是。然而，旅人們若要在緊湊的行程裡，仍然從容悠閒又準確地挑選禮物及紀念品，就需要先了解德國的消費文化了。

試穿、試用

在大型購物中心、百貨公司、連鎖服飾店或綜合性商場等（通常找不到服務人員），服飾鞋款通常可自行試穿；日用藥妝店內的保養品若貼有「Test」亦可以試用。在中、小型、傳統小店家或是精品店，試穿或試用最好先經過店員同意。

▲購物前應仔細了解商品內容，有問題都可以向店員詢問

購物優惠

德國百貨及商場通常會在換季、秋末及聖誕節時做特惠活動，旅行時，若持有城市卡或其他優惠卡，可特別留意哪些店家有配合折扣。有些城市會為觀光客設計消費集點，可以到旅客服務中心詢問。

付款方式

在中、大型城市，基本上都接受信用卡，唯小型自營店家或是在小城鎮仍多以現金交易，或是頂多接受當地的金融卡（V-Pay／Girocard）。部分主題市集的攤位會有刷卡機接受信用卡，若是身上沒有現金，消費前應先向店家問清楚。

退換貨

大部分的購物場合都會提供收據（小型自營店家通常無收據）。大型購物百貨商場基本上都可以退換貨，但是一定要有購買證明（收據）及正當理由。接受退換貨的細節規定，不僅視店家而

定，也視商品性質而不同，購買前可向結帳人員詢問清楚，尤其是購買高單價的商品時，亦需要了解其保固期等訊息。

營業時間

週日基本上所有的超市、百貨商店都是休息的，週一～六的營業時間則視店家而訂，一般商店最晚不會超過20:00。超市目前現在都有營業到22:00或是24:00（柏林等大城市火車站的超市有時會營業至24:00）。出門購物前最好先上網查詢，建議週日不要安排購物行程（查詢方式：店家名稱＋Öffnungszeiten）。

購物退稅

在德國購物，一般觀光客可享有購物免稅的優惠。只要在提供退稅的商家或是購物中心單一店家購買超過€50,01（每張單據最低金額），就可以向店家索取退稅單。在出境當日將所有收據整理好以及單據填妥，並且盡量預留1小時的時間給在機場辦理退稅。辦理稅退需攜帶文件如下：

■ 護照
■ 退稅商品（未拆封）
■ 購物單據
■ 填妥的退稅單

貼心 小提醒

退稅教學影片

Tax Free Germany退稅公司網站不僅提供中文（簡體）的網頁服務，並且有退稅的教學影片，可以多加利用！

退稅步驟 Step by Step

Step 1 **索取收據、退稅單**

單一店家內，消費超過€50,01（每張單據最低金額），一定要索取收據，並且向櫃檯或百貨公司服務中心索取退稅單。

Step 2 **填好退稅單**

Global Blue、Tax Free Germany和Planet分別為3家不同的退稅公司，選擇欲退稅的公司後，填妥其提供的退稅單據。

Step 3 **Check in+告知退稅**

到了機場先Check in，並告知有行李中有退稅商品。待行李秤重、並附上行李條之後，帶著所有行李到海關處。

Step 4 **海關查驗**

把退稅單拿給海關（Zoll Customs），並打開行李箱檢查。無誤後，將行李上鎖後，放至一旁的行李區。

Step 5 **退稅櫃檯退錢**

拿著海關已蓋章的退稅單到前述的退稅櫃檯，申請退稅，拿回歐元或美金。

行家祕技 **dm藥妝店退稅**

若在德國dm消費超過€50,01欲退稅，最後一步取回退稅現金必須於下次入境德國旅行時，才能至dm辦理。這對台灣旅客來說很不方便，因此有相關業者提供代為處理的服務，可上網查詢。

消費購物型態

身為歐洲經濟實力大國之一，德國的消費購物型態多樣又方便。

高級百貨/大型購物中心 Kaufhaus / Einkaufszentrum

柏林的KaDeWe（Kaufhaus des Westens）是全球知名的高檔精品百貨公司；其他地區性的高級百貨公司如曼海姆的Engelhorn（屬當地富豪家族）。而埃爾福特的ANGER1、斯圖加特的Königsbau Passagen，都是這些大城市內最熱鬧的購物中心（Shopping Mall / Einkaufszen-trum）。不僅其所在的建築物有著歷史性的意義，其內許多知名服飾品牌都有著時尚指標性的地位。

曼海姆的Engelhorn百▶貨公司

▲ **柏林KaDeWe百貨公司**

連鎖百貨公司 Kaufhaus

在中大型城市的市中心，通常可以看到連鎖百貨公司如GALERIA Kaufhof及KARSTADT。百貨公司地下樓層多是超市或是廚具專櫃，而美食餐廳則設置在高樓層。此類百貨公司通常一個樓層只有一個櫃檯結帳處（Kasse），所有的專櫃則是由幾位員工一起服務。

▲ **Galeria百貨公司在大城市車站皆可見**

精品店

高級名牌精品店可以在國際大城如柏林、法蘭克福的主要購物街上看得到。YSL、Burberry、Louis Vuitton，以及高級鐘錶店、飾品店，都有獨立的店面並且提供最新最齊全的款式。

購物篇

▲ 柏林Ku'Damm大街上的精品店

購物街
Einkaufsmeile / Einkaufsstraße

每座大城市內通常都會有購物街,如慕尼黑的Maximilianstraß、法蘭克福的Zeil、斯圖加特與杜塞多夫的Königsallee。中、小型城市內的購物街即是主街(Hauptstraße),所有商店、書店、餐廳及咖啡廳都集中在主街上。

購物街上有許多精品專賣店,如連鎖品牌(H&M、C&A、ZARA等)、鞋店(Deichmann、Görtz、Leiser等),以及眼鏡行(Optik)、居家用品店(DEPOT、BUTLERS)、連鎖書店(Thalia、Hugendubel)等。

▲ 法蘭克福的購物大街Zeil

🌐 豆知識

歐洲最長的購物街:海德堡主街

海德堡雖為巴登－符騰堡州的小城鎮,卻有著歐洲最長的購物街。與內卡河平行、全長約1.7公里的主街一口氣串連了5個廣場,從俾斯麥廣場、大學廣場、市集廣場、科恩廣場,一直到舊城最東邊的卡爾廣場。這裡也是當地舉辦節慶活動或遊行示威最主要的街道。

街道兩側的巷▶弄裡隨處可見特色小咖啡店及餐廳

綜合性商場

Müller

德國在地年過半百的連鎖購物商場,主力商品為美妝保養、香水、生活保健、小家電、文具、DVD/VCD多媒體、居家衣物等(在店內亦可找到藥妝店的商品,但種類較少)。喜愛新奇又多樣居家生活用品的人,可以找個時間到Müller逛逛哦!

▲ 德國生活用品賣場Müller

T.K.maxx

是美國T.K.maxx在歐洲的旗下品牌，價格比市面上便宜，有時甚至可以找到大品牌下架後特惠的服裝，若看到T.K.maxx別忘了進去挖寶哦！

▲ 在T.K.maxx可找到名牌過季商品

超市 Supermarkt

幾乎所有日常生活用品都可以在超市買到。EDEKA、REWE屬價位較高、品質較好、種類齊全的超市，可以看到主流品牌的商品及食品。ALDI及LIDL超市主打平價，有花車特價品。PENNY和NETTO則以更低價的商品為訴求。

也有Bio有機生鮮超市，如Denn's、Alnatura，因為蔬果全部都是有機的，因此定價比EDEKA、REWE還高，還有以保健食品為主打的Reformhaus連鎖有機商品店。

▲ EDEKA超市　　▲ 位於柏林的有機食品超市

▲ 購物中心內常會同時有超市和藥妝店

藥妝店 Drogerie

德國知名藥妝店：dm、Rossmann。主要的熱門的商品有：維他命發泡錠、花草茶、妮維亞乳液及其他系列商品。其中dm自家商品：Balea或是Rossmann的ISANA，因為在價格上的優勢，也成為必敗品項。

▲ 明亮、貨品豐富的開架式　▲ Rossmann
dm藥妝店

▲ 目前的藥妝店更採取複合式經營，店內除了有機食品、一般健康食品之外，還提供相片沖洗的自助服務

貼心 小提醒

德國世家 Dr. Hauschka和百靈油這裡買

德國世家Dr. Hauschka保養品，要在藥局(Apotheke)、Müller或部分的有機超市(ALNATURA)才有專櫃，百靈油(Chinaöl)也是要在藥局才看得到。

傳統／假日市集
Wochen / Wochenmarkt

傳統菜市場通常會在市集廣場、教堂前廣場或是小城區內的廣場上，一週2～3次（週間1～2次，週六1次），賣的多是當地農家自種的農產品，大約營業到中午12:00。購買時需告知欲購買的食材重量或數量，通常只收現金。

▲ 市集裡亦會有起司乳酪奶製品或是魚肉類的車販攤位

▲ 烏爾姆(Ulmer Münster)大教堂前的傳統市集

二手／古董市集
Flohmarkt / Tördelmarkt / Antikmarkt

在德國，不定時會有地方性的二手及古董市集，攤主會將自家寶物、不用的衣物家具統統拿

出來，可在這裡尋找最具有德國傳統文化的居家飾品或是手工製品，此外亦有主題市集，如藝術文創、集郵、二手書及唱片市集等。這些地區性的活動資訊可上網查詢，輸入「城市名稱＋Flohmarkt」（例如：Berlin Flohmarkt），即可查找。

古董店及其他小店舖
Antiquitäten / Antiquariat

若喜歡歐式復古家飾瓷器，可在舊城區主街的小巷弄裡尋找古董店的蹤跡，通常都有各式各樣的手工藝品，有些還會結合二手書及唱片。

▲ 位於圖賓根舊城區內的Buchhandlung Heckenhauer Antiquariat古董書店，曾是文學家赫曼‧赫塞工作實習的地方

節慶市集

只要該城市有節慶活動，就會有吃喝玩樂的熱鬧市集，不僅有最道地的小吃料理，連最傳統的手工藝品都買得到。

▲ 柏林常會有藝術主題市集，許多藝術家都會親自顧攤

▲ 阿爾高地區秋季豐收節市集上各式的手工竹籃

德國伴手禮

傳統精工藝品以及德式設計的文創商品。

德國廚具

　　WMF、Zwilling、Fissler及Silit是國人熟知的德國廚具品牌，不僅品質好，設計上也非常耐看實用。各品牌都有其主打的設計系列及特色，除了鍋具之外，專賣店內都有許多廚房用品、餐具。現場選購前可以上網多做比較。

ZWILLING

■ **必買**：廚刀系列
■ **特色**：主力為刀具(刀具起家，餐具部分也頗受歡迎。鍋具起家晚，並部分由中國生產)。

WMF

■ **必買**：不鏽鋼餐具
■ **特色**：商品屢獲德國紅點設計大獎，樣式、種類齊全。品質與設計感兼具，德國高檔餐具的龍頭。壓力鍋及鍋具也是主要的商品。

FISSLER

■ **必買**：鍋具(快鍋、壓力鍋)
■ **特色**：以壓力鍋、快鍋為主力商品。深受國人主婦們的青睞。

- ■必買：Silargan鍋具
- ■特色：WMF旗下的一個牌子，Silargan鍋有獨家專利，鍋身由精鋼與高科技的陶瓷合製，強調耐用，易清洗不留異味。

德國瓷器 Porzellan

德國瓷器享譽歐洲，瓷器藝術品如餐瓷、花瓶或是栩栩生動的瓷偶，均由在地藝術家手工繪製及製作而成，精緻的雕刻手法以及細膩又多樣的藝術圖騰，令人嘆為觀止。

柏林皇家瓷器廠（KPM, Königliche Porzellan-Manufaktur Berlin）及邁森瓷（Meißner Porzellan）是德國歷史悠久且高水準的兩個品牌，邁森瓷器在法蘭克福、慕尼黑及斯圖加特都有專賣店。

德國的陶瓷餐具品牌如Villeroy&Boch、Rosenthal等，其餐盤、餐具以及咖啡壺組合，有著傳統工藝設計，看起來大方又高雅。這些品牌除了有專賣店之外，在許多百貨公司也都有專櫃。

▲ Villeroy&Boch的陶瓷餐具重視品質與設計

聖誕禮品 Weihnachtsgechenke

德國的聖誕禮品連鎖專賣店Käthe Wohlfahrt讓遊客可以一年四季都買得到聖誕飾品，店內亦有當地的特色紀念品，也很適合挑選小朋友的禮物！最應景的仍是在冬季裡的聖誕節市集裡，一邊喝香料酒，一邊為家人朋友選購禮品。

▲ 紐倫堡聖誕節市集裡復古的德式木偶玩具

文創、文具商品

中、大型城市除了連鎖書店會有新奇有趣的文創商品之外，也有以美術、手工紙藝材料為主要商品的大型商店，如idee der creativmarkt。文具品牌如LAMY及Staedtler都有專賣店門市。

▲ idee der creativmarkt裡有各式各樣的紙品、美術顏料及原材料，可以手工製作禮品

各地特色紀念品

正統黑森林咕咕鐘、巴伐利亞啤酒杯及傳統服飾。

城市磁鐵、馬克杯、鑰匙圈、啤酒杯及烈酒杯等，一般觀光紀念品在各大小城市景點區的紀念品店家或是火車站附近的書店都可以買得到！然而德國各地民俗文化風情不同，自然有其獨有的民俗文物及用品，這些「特產」是只有在當地買才有其意義。

▲ 海德堡：學生之吻巧克力

▲ FC Bayern周邊紀念品

▲ 巴伐利亞州：錫蓋手工彩繪啤酒杯

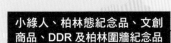

微觀世界博物館紀念品、手工糖果 (Bonschel 硬糖其他糖果)

漢堡

小綠人、柏林態紀念品、文創商品、DDR 及柏林圍牆紀念品 — 柏林

邁森瓷器、前東德時期紀念品

薩克森州

香水、大教堂周邊商品

科隆

圖林根州

瓷器、白點藍底手工陶器

蘋果酒、蘋果酒周邊商品 — 法蘭克福

錫蓋手工彩繪啤酒杯、傳統服飾、FC Bayern、十月啤酒節紀念品

學生之吻巧克力 — 海德堡

汽車模型、施瓦本廚具 巴登—符騰堡州

巴伐利亞州

黑森林區

咕咕鐘、木製砧板

傳統阿爾高服飾、高山乳牛相關紀念品

阿爾高地區

購物篇

景點 / 城市紀念品

大城市

在大城市市中心的小巷弄裡會有許多新穎設計的文創商品專賣店，從文具禮品、家用飾品或是手機電腦配件都有，都是挑選優質紀念品的好地方。行前可先上網查詢當地的特色商品(如紙藝、手工藝品、紡織編織等相關專賣店)。

大城市如柏林，除了小綠人(Ampelmann)之外，柏林熊也是許多熊粉的最愛，在旅遊中心或是布蘭登堡門附近的紀念品專賣店都有；柏林圍牆景點附近則有小商店販售相關紀念品；又如法蘭克福，則是以當地著名的蘋果酒(Apfelwein)、蘋果酒周邊商品(酒壺、酒杯)等最為熱門。

◀柏林小綠人是柏林的標識之一，紀念品原創店家在Scheuenviertel城區

▲柏林BIKINI BERLIN購物中心有最新潮流文創商品

咕咕鐘 / 手工木製品

黑森林

布穀鳥鐘又稱咕咕鐘(Kuckucksuhr)是黑森林區最著名的紀念品，特里貝格城市(Triberg)是該區主要製作時鐘的小鎮，早期許多家庭以製造鐘表為生，透過中間商賣到歐洲其他國家，有非常精

行家祕技

景點與城市紀念品哪裡買？

景點紀念品：博物館、宮殿及城堡

大部分知名的博物館或宮殿等熱門景點，出口處都會有紀念品商店，販售印製有該博物館及展覽主題Logo的文創商品，如T-Shirt、飾品、小禮品等。部分附有瓷器展覽的宮殿，在其紀念品店，亦可以買到印有當地出產標示的精美瓷器。

▲奧古斯堡紡織業博物館旁的紀念品店販售當地製造的布製餐墊及其他商品

城市紀念品：旅客服務中心

在各大車站或市中心的旅客服務中心，除有提供旅遊資訊之外，印有城市Logo的紀念商品也非常多樣，明信片、隨身水壺、雨傘，以及當地特色為主的周邊商品，很適合在匆忙的行程中，快速挑選伴手禮回國。有些遊客中心還會提供免費的城市貼紙或小紀念品！

▲斯圖加特旅客服務中心提供汽車模型及其他城市紀念品

緻而專業的工藝及製造技術。咕咕鐘造型為傳統的黑森林農村木屋，裝飾有農村家庭外的景觀，在木屋中間上方為小木門，每當整點報時，布穀鳥從小木門出來的設計更是讓人愛不釋手，是許多人到黑森林必買的紀念品。另外在當地亦有許多手工木製品，從廚房用品到木製明信片都有。

▲ 蒂蒂湖景點區的紀念品店

▲ 黑森州的美茵茲，將布穀鳥鐘作為店面櫥窗裝飾，是全世界最大的布穀鳥鐘

▲ 特里貝格市區紀念品店

拿手本事，自然少不了配備齊全的廚具。在圖林根州的城市都可以看到許多專賣廚具的店面，是喜好下廚烹飪旅人的必走行程！

◀ 圖林根舊城區內的廚具店，擺放各種不同可以製作麵疙瘩的器具

▲ 斯圖加特賓士博物館的汽車模型區

汽車模型 / 廚房用具
施瓦本

德國的汽車產業全球聞名，巴符州的首府斯圖加特有兩座氣派的博物館坐鎮，分別為賓士及保時捷博物館，展示其經典車款，是品牌車迷與汽車迷的樂園。亦有販售款式齊全、品質佳的汽車模型。

斯圖加特及其以南的地區屬於施瓦本地區，是德國美食麵疙瘩、餃子的發源地，施瓦本人勤儉持家又愛乾淨，製作簡單又美味的料理是他們的

傳統服飾 / 高山乳牛相關紀念品
阿爾高

阿爾高是德國南部的一個地理區名字，其涵蓋範圍跨巴符州及巴伐利亞州，位於前阿爾卑斯山區。該地區有著獨特的高山農家文化傳統，以製造高山起司聞名；其傳統服飾（Trachten）也有獨自的特色，和巴伐利亞州的不同。

▲ 阿爾高地區傳統服飾店面

肯普登（Kempten）及梅明根（Memmingen）爲當地重要大城，若旅行至此區，除可現場品嘗不同口味的起司之外，在部分小城市也可以買到爲觀光客設計的高山乳牛周邊商品。

▲ 阿爾高地區當地製作起司之專賣店

錫蓋手工彩繪啤酒杯 / 十月啤酒節紀念品 / 傳統服飾 / FC Bayern周邊商品

慕尼黑

錫蓋手工彩繪啤酒杯(Humpen/Bierkrug/Krügel)是德語區特有的文化，製作杯身的材料有陶器、銀、玻璃，正統的陶製杯身會再以色彩豐富及繁複的浮雕及文字做裝飾，於手把上附有單手開蓋功能的圓錐型錫蓋。其他如玻璃製的啤酒杯亦會附上錫蓋。

慕尼黑十月啤酒節的紀念品當然也不能錯過，有象徵巴伐利亞州，藍白相間菱形圖樣的各種商

▲ 十月啤酒節紀念品攤位販售錫蓋手工彩繪啤酒杯

品，許多商品上還會印製當年分的啤酒節字樣。

除此之外，巴伐利亞州的傳統服飾也是非常受歡迎的傳統文化之一，許多年輕人都會很自豪地穿著傳統服飾參加重要節慶。足球迷到了慕尼黑，別忘了在當地挖寶FC Bayern的周邊商品哦！

西萬尼白葡萄酒 / 聖誕節禮品 / 紐倫堡薑餅

法蘭肯

法蘭肯區在巴伐利亞州北部，因美茵河流經且氣候合宜，盛產葡萄酒，在符茲堡及紐倫堡都可以買到當地特產的西萬尼白葡萄酒（Silvaner Weißwein），外觀爲扁圓形酒瓶身。

而以聖誕節市集聞名的紐倫堡，除了有最齊全的聖誕節禮品及飾品之外，在市集廣場旁的Gottfried Wicklein一年四季現場製作新鮮薑餅（Lebkuchen），包裝精美、香料堅果風味濃厚，有多種口味，是遊紐倫堡的必買商品！

▲ 紐倫堡的Gottfried Wicklein店內現做薑餅

▲ 琳瑯滿目的聖誕節市集禮品

◀ 符茲堡區教堂地窖釀製的白葡萄酒 Juliusspital

玩樂篇
Sightseeing

德國，哪裡最好玩？

到德國自助旅行，隨處都會有驚喜！從歷史文化到自然景觀，從古蹟城堡到現代建築......，無論是單一城市或邦州的深度之旅，或是跨城市或跨邦州的浪漫遊，甚至整個假期只待在國家公園裡度過也很值得；只要全方位掌握德國的旅遊景點資訊，德國怎麼玩都很好玩！

德國玩樂重點

在德國，從古城小巷到世界級的城堡宮殿，絕對都是玩家級的首選。

圖片提供／鄧鈺澐

柏林、法蘭克福和慕尼黑是德國最受歡迎的國際大都會，海德堡及弗萊堡等悠閒文學小鎮也有其吸引力，每個城市各自述說著不同歷史篇章、人文風情，同時又提供包羅萬象的當代藝術文化及節慶活動。旅行德國不可錯過的還有其豐富多樣的自然景觀，令人醉心的山林湖景更是讓人想要到德國一玩再玩的動力來源！

邦州首府

德國一共有16個邦州，其首府城市絕對是認識該邦州的第一站。除了柏林、漢堡、不萊梅（Bremen）為3個邦州城市之外，首府城市如杜塞多夫、漢諾威（Hannover）、威斯巴登（Wiesbaden）、斯圖加特、慕尼黑、埃爾福特（Erfurt）、德勒斯登……等。而科隆、法蘭克福、紐倫堡這些具代表性又很受歡迎的大城亦是不容錯過。

新舊城區

許多邦州首府城市或大城市在歷史上發展得很早，因此在城市內的河邊或是山坡邊都可以看得到其舊城區（Altstadt），舊城區即是該城市的歷史縮影，有主街、市政廳、教堂、市集、商店、傳統餐館及舊式房屋建築。漫步在舊城區猶如漫遊在時光隧道裡。而新城市中心區則展現著現代都會的樣貌，購物美食機會多，並有豐富的藝文表演活動，精采的夜生活亦值得體驗！

1.漢諾威是下薩克森邦的首府，市區結合現代及傳統建築／2,3.法蘭克福的新舊城區有著完全不同的樣貌

1

2

3

玩樂篇

文化音樂表演、歌劇院

　　古典音樂、歌劇及戲劇表演在德國不僅有著深厚的歷史文化基礎，一直到今日，藝文表演活動都還非常地蓬勃活躍，舉凡世界級的歌劇院、各城市的市立劇院，地方性的小劇院，都有各自不同口味的觀眾群。經典舞台劇如《浮士德》（Faust）、歌劇如《尼伯龍根的指環》（Der Ring des Nibelungen）仍持續上演。

　　若是到了慕尼黑（如慕尼黑國家劇院）或是拜律特（Bayreuth，如侯爵歌劇院、節日劇院），別忘了安排晚間的文藝活動，感受當地藝術的洗禮。而位於漢堡的易北愛樂廳亦是音樂愛好者的聖殿，是北德重要的音樂文化據點。當然不能錯過的還有首都柏林主流及次文化的藝術表演。

博物館、主題展覽

　　幾乎每座城市都有城市歷史博物館，在邦州首府還會有邦州歷史文物館，是認識該地區的重要指標。如位於斯圖加特的符騰堡州立博物館、卡爾斯魯爾（Karlsruhe）的巴登州立博物館。這類博物館通常位於當地首府的新舊宮殿內。

　　依據各地區歷史上著名的文化產業或是手工業又會有各自的主題博物館。特色博物館如科隆的巧克力博物館、奧古斯堡的紡織工廠博物館、黑森林區的露天農村博物館等，可以深入了解當地特殊文化歷史。其他重量級博物館如柏林的洪堡論壇、博物館島、紐倫堡的日耳曼國家博物館、慕尼黑的德意志科技博物館，收藏有國際性及民族性的代表文物。

宮殿及宮殿花園

　　歷史因素關係，德國曾經邦州林立，各自擁權，也因此有著許多的宮殿曾作為官邸或是政治中心。今日大部分的宮殿內都需要有導覽才能參觀，宮殿外則會有免費對外開放的花園，花園有法式、義式或英式不同的園景藝術設計，花園內亦會有小涼亭茶屋及人工湖泊可以欣賞。

> 1.超過百年歷史的柏林人民劇院（Voklsbühne）／2.位於法蘭肯區的拜律特是華格納之城，節日劇院（Bayreuth Festspielhaus）更是每年固定上演華格納的作品／3.巴登州立歷史博物館位於卡爾斯魯爾宮殿內／4.柏林洪堡論壇是繼博物館島後最重要的國際性歷史文化博物館／5.符茲堡宮殿外童話般的花園

教堂

每個地區都會有最具代表性的大教堂或是主教教堂，如科隆大教堂、美茵茲主教座堂、弗萊堡天主教主教教堂等，它們都是經歷了數百年不同的建築藝術時期的修復及洗禮，非常值得參觀。教堂內除了聖壇，也都會有鐘塔樓，大部分都可以付費登高欣賞全市美景。

城堡

中古世紀的城堡是德國的歷史名產，許多小城鎮都是由城堡及其周圍的居民聚落而發展。當然亦有許多城堡，如新天鵝堡即是富裕的巴伐利亞王國國王的諸多城堡建案之一。

古城小鎮及大學城

德國有許多中世紀小城鎮，直到今日仍保留著大部分昔日樣貌。在舊城區有木桁架屋等當地特殊建築；許多巷弄間，依據其街名亦可推測該街道上曾經風光一時的手工藝產業或是貿易產業。

大學城如海德堡及弗萊堡，都是學術氣息濃厚的城市，城鎮內充滿著國際大學生的活力。德國的百年大學又如科隆大學、慕尼黑大學等，都是國際知名的大學。

河流美景

德國北部有東西流向的易北河、西部南北流向的萊茵河，以及由黑森林發源，向東流經數十個國家的多瑙河，河流不僅是該地區重要的經濟動脈，沿岸城市亦因河川灣流美景帶動了蓬勃的觀光資產。

由主要河流延伸的支流有易北河的施普雷河；萊茵河的魯爾河、內卡河、美茵河等；多瑙河的伊勒河、萊希河、伊薩爾河，以及因河等。這些美麗的支流伴隨著主要河流，爲德國提供著豐富的水源。

1.在弗萊堡市區旁山坡上看大教堂 / 2.美茵茲主座教堂內的十字迴廊 / 3.班貝格市區一旁的坡上坐落著舊城堡 / 4.海德堡大學廣場旁的教學大樓

易北河(Elbe)

易北河發源於捷克西北部，從德國東北部的薩克森州一路往西流，最後從漢堡流入北海，其支流如哈維河流經柏林及布蘭登堡州界處，以及周邊許多大小湖泊，就像是河流交匯所激發出的水花，而附近又坐落著各式宮殿，美輪美奐，有如童話般美麗。易北河在漢堡則轉身變為繁忙的貿易港口，來往的貨櫃商船以及港口旁的倉庫城，僅管少了一份詩意，但仍以歷史港口市集以及現代的易北愛樂廳合奏出另一篇樂章。

■**河流沿岸城市**：德勒斯登、馬格德堡(Magdeburg)、漢堡。

■**沿岸著名景點**：薩克森小瑞士國家自然公園（Sächsische Schweiz）。

萊茵河(Rhein)

萊茵河是德國最長的河流，從巴登－符騰堡州南部的博登湖(Bodensee)往北流，分為上、中、下萊茵河，一路為德瑞及德法的國界河，至卡爾斯魯爾後，繼續流經德國中西部的黑森州（Hessen）、西北部的北萊茵－威斯特法倫州（Nordrhein-Westfalen），經過荷蘭最後流入北海。在河流交匯處的魯爾都會區、法蘭克福及萊茵內卡河區，都是德國人口最密集的地方。萊茵河沿岸地區（如萊茵－普法爾茨地區）的氣候適合種植葡萄，此區以雷司令(Riesling)白葡萄酒聞名。

■**河流沿岸城市**：康士坦茲(Konstanz)、卡爾斯魯爾、曼海姆(Mannheim)、美茵茲(Mainz)、科本倫茨(Koblenz)、波恩(Bonn)、科隆、杜塞多夫等。

■**河流沿岸景點**：博登湖、康士坦茲、科本倫茨德意志之角、科隆霍亨佐倫大橋、杜塞多夫萊茵河岸全景步道及萊茵塔。

1.易北河悠靜地流經薩克森小瑞士國家公園 / 2.漢堡易北河沿岸步道散步欣賞河景 / 3.康士坦茲萊茵河畔景色 / 4.杜塞多夫萊茵河全景步道的萊茵塔夜景

多瑙河(Donau)

多瑙河發源於德國黑森林區，源流為布雷格河及布里加赫河，兩河在多瑙埃興根(Donaueschingen)匯流後，向東流經數個城市，由帕紹(Passau)進入奧地利，再一路向東流經數個東歐國家，最後流入黑海。多瑙河在德國境內沿岸的小城鎮不如易北河和萊茵河繁忙，適合自駕或騎腳踏車來一趟多瑙河全景之旅。

最推薦的景觀為位於凱爾海姆(Kelheim)的多瑙河峽谷、UNESCO世界文化遺產的韋爾騰堡修道院(Kloster Weltenburg)，以及位於德奧邊境城市，被稱為三河之城(Dreiflüssestadt)的帕紹。

■**河流沿岸城市**：多瑙埃興根、烏爾姆、英格施塔特、雷根斯堡、帕紹。
■**河流沿岸景點**：多瑙河匯流處、多瑙河源泉、凱爾海姆多瑙河峽谷、韋爾騰堡修道院、雷根斯堡石橋、帕紹三河城市。

德國西部重要河流及沿岸城市

■**美茵河**：美茵茲、法蘭克福、哈瑙(Hanau)、符茲堡(Würzburg)。
■**內卡河**：斯圖加特、海德堡、曼海姆(萊茵內卡都會區)。
■**魯爾河**：杜伊斯堡(Duisburg)、埃森、波鴻(Bochum，魯爾都會區)。

♥ 貼心 小提醒

河畔夏日音樂季

許多有著河流流經的城市，夏季時河畔邊常常會有音樂文化活動，熱鬧的舞台演出加上節慶市集及大型娛樂設施，總會吸引許多當地人及遊客前來。

1.布雷格河及布里加赫河匯流處景色(多瑙河0公里處) / 2.搭船遊多瑙河峽谷 / 3.帕紹市區內可見多瑙河、因河及伊爾次河匯流 / 4.魯爾河港口夏季音樂節煙火活動

玩樂篇

島嶼、海灘、湖泊

德國全境只有北部靠海，坐擁海濱海灘美景及沿岸島嶼，因此這裡亦是許多南德人的度假勝地。最有名的島嶼如位於東北部波羅的海的綠根島（Rügen）、有陽光島之稱的烏瑟多姆島（Usedom），以及西北沿海的東弗里西亞群島（Ostfriesische Inseln）。

北部梅克倫堡-前波美拉尼亞州（Mecklenburg-Vorpommern）有米里茨湖（Müritz）；柏林與布蘭登堡州界處因哈維河而有萬湖、大小格利尼克湖及其他湖泊，與周圍的宮殿城堡形成童話般的美景。位於黑森林區知名的蒂蒂湖（Titisee）、施盧爾湖（Schluchsee）也是非常熱門的景點；在德奧瑞交接處的博登湖結合周圍的山景，更是讓人流連忘返。而在巴伐利亞州，有慕尼黑南方及前阿爾卑斯山之間的五湖區，基姆湖（Chiemsee）以及位於德奧交接處的國王湖（Königssee），其悠然絕世的湖景吸引許多人慕名而來。

行家祕技 從城市名稱找溫泉SPA水療

德國若是該城市當地有天然溫泉，地理環境亦適宜，都會將其列為溫泉鎮（Kurort），並在城市名冠上「Bad-」這個字，如巴登－巴登（Baden-Baden）、巴特基辛根（Bad Kissingen）。這些地區都有專業的水療、溫泉中心，旅行時可以安排到這些小鎮SPA 1日遊。

▲ 巴登－巴登是德國著名的溫泉水療小鎮

1.位於柏林與波茨坦(布蘭登堡州界處)湖邊的薩克羅宮 / 2.在黑森林區施盧爾湖邊散步 / 3.位於慕尼黑東南方的基姆湖上的女士島

自然國家公園

德國境內的國家公園各自有著不同特色。北部沿海有下薩克森瓦登海國家公園、哈爾茨國家公園、薩克森小瑞士國家公園等；南部則有黑森林自然國家公園，及巴伐利亞州森林國家公園等。

自然國家公園的涵蓋面積都很大，常常是跨了許多城鎮甚至跨至鄰國，不可能1天走完。安排行程時，應先選定一個與旅行城市最近的園區入口城市（車程通常是1～2小時，一個國家公園會有多個入口城市），再從該入口城市就近找景點及設施遊玩即可。手邊記得要有園區地圖以及回程車次資訊，隨身的糧食也應準備充足。

哈爾茨國家公園

哈爾茨國家公園（Nationalpark Harz）位於下薩克森所與薩克森－安哈特邦之間，入口城市為巴特哈茨堡（Bad Harzburg），距離漢諾威約1.5小時的車程。園區內亦有Wurmberg山區纜車，可以搭車至山上欣賞北德平原風景。

薩克森小瑞士國家公園

薩克森小瑞士國家公園（Sächsische Schweiz/Saxon Switzerland）位於薩克森州，園區跨德國及捷克兩國。這裡除了有易北河上游河灣的美景，著名的Bastei石橋更不容錯過。旅行德勒斯登時可安排1日遊行程。

高山壯景

德國高山美景主要集中於南部，有阿爾高地區以及東南部和奧地利相接的阿爾卑斯山脈，其中，海拔2,862公尺的楚格峰（Zugspitze）為德國最高的山脈。西南部則有汝拉山脈（Jura）以及黑森林區肖恩英斯蘭山脈（Schauinsland）。冬季時，許多高山都會有滑雪的活動設施。

1.Wurmberg山上景色 / 2.善加利用國家公園當地資訊，了解景點及步行路線 / 3.巴代利亞州森林國家公園內除了自然景觀，亦有互動式站點，讓遊客更貼近大自然 / 4.肖恩英斯蘭山上觀景塔台欣賞群山日落美景

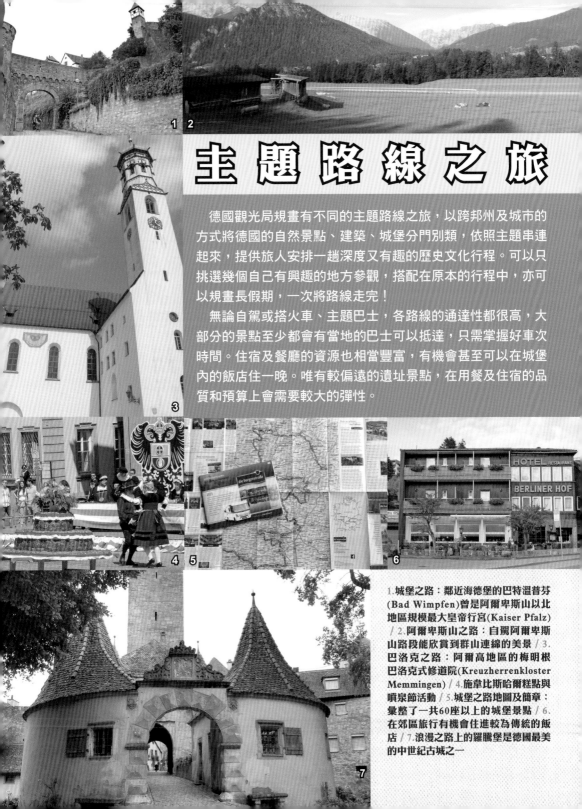

主題路線之旅

　　德國觀光局規畫有不同的主題路線之旅，以跨邦州及城市的方式將德國的自然景點、建築、城堡分門別類，依照主題串連起來，提供旅人安排一趟深度又有趣的歷史文化行程。可以只挑選幾個自己有興趣的地方參觀，搭配在原本的行程中，亦可以規畫長假期，一次將路線走完！

　　無論自駕或搭火車、主題巴士，各路線的通達性都很高，大部分的景點至少都會有當地的巴士可以抵達，只需掌握好車次時間。住宿及餐廳的資源也相當豐富，有機會甚至可以在城堡內的飯店住一晚。唯有較偏遠的遺址景點，在用餐及住宿的品質和預算上會需要較大的彈性。

1.城堡之路：鄰近海德堡的巴特溫普芬(Bad Wimpfen)曾是阿爾卑斯山以北地區規模最大皇帝行宮(Kaiser Pfalz) / 2.阿爾卑斯山之路：自駕阿爾卑斯山路段能欣賞到群山連綿的美景 / 3.巴洛克之路：阿爾高地區的梅明根巴洛克式修道院(Kreuzherrenkloster Memmingen) / 4.施韋比斯哈爾糕點與噴泉節活動 / 5.城堡之路地圖及簡章：彙整了一共60座以上的城堡景點 / 6.在郊區旅行有機會住進較為傳統的飯店 / 7.浪漫之路上的羅騰堡是德國最美的中世紀古城之一

童話路線
Deutsche Märchenstraße

➡️ 火車：可分段及分別抵達大部分城市
或是郊區景點；自駕：可沿著規畫路線走

南北向的童話之路，從格林兄弟的故鄉哈瑙
（Hanau），向北走至不萊梅。不萊梅（不萊梅的
音樂師）、卡塞爾（格林兄弟博物館）、哥廷根（牧
鵝姑娘）……等格林童話故事的背景地點，在這
些城市裡彷彿場景真實呈現。城堡、宮殿、博物
館、中世紀古屋以及紀念雕像，就像是尋寶遊戲
一樣，等著格林童話迷來探險！

▲ 不萊梅的音樂師雕像

城堡之路
die Burgenstraße

➡️ 火車：巴登－符騰堡州，可分段及分
別抵達大部分城市或是郊區景點；適合自
駕前往：位於法蘭肯區北方郊區內的城堡

城堡之路主要在巴登－符騰堡州及巴伐利亞
州。從曼海姆（Mannheim）一路經過海德堡、施韋
青根（Schwetzingen）、羅騰堡，接著進入法蘭肯
區紐倫堡及附近小城鎮，如班貝格，最後於拜律
特結束其於德國境內的行程。著名景點如海德堡

宮殿遺址、中世紀古城羅騰堡、紐倫堡的皇帝城
堡、UNESCO世界文化遺產的班貝格舊城區。這
些景點可以在旅行法蘭克福或是紐倫堡時，安排
周邊小城鎮1日遊，無論是搭區域性列車或是自
駕都很方便。

◀ 施韋比斯哈爾古城
的節慶活動，可以
看到中古世紀文化
表演

▲ 施韋青根宮殿及72公頃大的宮殿花園是城堡之路的重點
行程之一

▲ 班貝格舊市政廳

浪漫之路
Romantische Straße

➡️ 火車：可分段及分別抵達大部分城市或是郊區景點；自駕；搭乘「浪漫之路巴士」專車

此路線是最受歡迎的主題路線，將德國南部兩大邦州之間的浪漫古城、木桁架屋及宮殿建築等特色景點，一路從符茲堡（Würzburg）至最南端的富森（Füssen）串連起來，富森即新天鵝堡的入口城市。路線上的小城鎮如韋爾特海姆（Wertheim）、丁克爾斯比爾、羅騰堡、奧古斯堡，以及施旺高等，各自有其特殊的歷史韻味。

浪漫之路主題巴士每年5～9月營運，可以從法蘭克福至羅騰堡或是羅騰堡至慕尼黑1日來回，巴士將行經各宮殿景點之間。

▲ 華麗的符茲堡宮殿及宮殿花園，是浪漫之路的第一站

▲ 終點站施旺高區，高山湖泊加上城堡美景，讓人意猶未盡

阿爾卑斯山之路
Deutsche Alpenstraße

阿爾卑斯山之路是自駕旅行的推薦行程，能夠在群山及小鎮之間的蜿蜒道路上開著車，清新的空氣以及無止盡的山景，感受無拘無束的

快感。該路線可以從博登湖玩至國王湖（或是反方向），一共分為9個重點路段，從阿爾高區的博登湖至楚格峰山區、基姆高（基姆湖區）、東高爾高區（新天鵝堡），最後至貝希特斯加登（Berchtesgaden）的國王湖。

每一個路段都有標示公里數，方便自駕者規畫行程，在重點城鎮亦都有餐廳和飯店可以休息過夜，征服阿爾卑斯山之路是畢生難忘的經驗！

▲ 基姆湖紳士島上的基姆湖宮殿是不容錯過的景點

▲ 高山環繞的國王湖有翠綠色的湖水

木桁架屋之路
Deutsche Fachwerkstraße

木桁架屋也稱半木結構房屋。若喜愛有著中世紀童話般的德國傳統木屋，亦有主題式的旅遊路線。在易北河上游德勒斯登及下游地區、

德國中部圖林根州、黑森州以及巴登－符騰堡州大部分地區，一直到博登湖的梅爾斯堡，都可以看到有著數百年歷史的木桁架屋，尤其是在市中心的廣場上。

這些房屋受到文化遺產保護，因地理環境且經歷不同時期，各有不同的建造方式、架構及外貌，或是使用了不同的建材、裝飾等，如從哥德式到文藝復興式。木桁架屋的建築世界還等有心的旅人來深入探索。

▲ 小鎮內卡格明德(Neckargemünd)17世紀的木桁架屋，一樓以磚頭建造並作為儲藏室使用，以免內卡河再度氾濫淹水，2樓以上才有住戶 (圖片提供 / Arianna Agostini、Antek Geisler)

▲ 15世紀建造(後來拓建及改建)的巴特烏拉赫舊市政廳

巴洛克之路
Barockstraße

巴洛克藝術文化主題之路，如上施瓦本地區(Oberschwäbische Barockstraße)以及薩爾蘭普法爾茨地區(Barockstraße Saar Pfalz)。以巴洛克式宮殿、教堂建築為主題。

▲ 薩爾布呂肯(Saarbrücken)的巴洛克式路德維希教堂

德國葡萄酒之路
Deutsche Weinstraße

是萊茵普法爾茨地區(Rheinland-Pfalz)重要的主題觀光活動及路線，這裡每年入春之後會有雙層的露天巴士專車，除了停靠當地的各小鎮主題景點站，還會帶著遊客行經滿山坡的葡萄莊園。

▲ 位於此路線北方起點的葡萄酒之路屋(Haus der Weinstraße)

柏林
Berlin

歐洲創意、文化之首都。

玩樂篇

柏林玩家建議

可安排停留5～7天

柏林是德國的首都，因其對外來文化的包容性及開放性，吸收了世界各地從主流到非主流的藝術文化元素，成為了許多歐洲及亞洲年輕人心目中的世界級首都。在這裡，除了可以欣賞珍貴的歷史景點、在庫達姆大街購物，也有無數的博物館可以參觀，還有蒂爾公園及湖景宜人的郊區萬湖。柏林，絕對是認識德國的第一站。

行家祕技　探索柏林景點！

推薦景點：布蘭登堡門、波茨坦廣場、索尼中心、柏林地下博物館、哈克雪庭院、六月十七日大街、威廉皇帝紀念教堂、十字山區、卡爾馬克思大道等。

▲ Visit Berlin官方旅遊網站　▲ 來柏林官方中文網

1.熱鬧的庫達姆大街，是柏林最主要的購物街。圖片為同性平權活動遊行 / 2.索尼中心內結合影視娛樂、購物中心及博物館，是波茨坦廣場上重要的地標 / 3.柏卡爾馬克思大道上有著前蘇聯時期的建築

德國國會大廈
Deutscher Bundestag

http www.bundestag.de/cn / ✉ Platz der Republik 1 /
📞 033922736436 / 🕐 每日08:00～00:00(最後入場時間21:45) / 💲免費 / ➡搭乘U55線至Bundestag站；搭巴士100至Reichstag Bundestag站下車 / ⧖ 2～2.5小時(含導覽)

　　建於19世紀末，最著名的設計為四周以環形坡道設計的全透明穹形圓頂，一般民眾也可上達頂樓，一覽柏林市中心全貌。經歷1933年的「國會大廈縱火案」，及1945年蘇聯紅軍取得勝利後在現場留下塗鴉及姓名。今日國會大廈是見證德國民主政治最佳地方，參觀採預約及團體導覽制，時間90分鐘。最有趣的是可以從圓頂內部的特殊設計，觀看到國會議員們在內開會的實況哦！

1.國會大廈圓頂 / 2.現場許多建築物見證冷戰期間柏林人當時的故事(圖片提供／鄧鈺澐) / 3.柏林圍牆的遺址見證東西德的歷史(圖片提供／鄧鈺澐) / 4.教堂內有博物館、洗禮堂，及存放近百具棺木的霍亨索倫墓室 / 5.可到教堂前方廣場散步，或沿著施普雷河橋邊漫步 / 6.從亞歷山大廣場上仰望柏林電視塔

柏林圍牆紀念地及文獻中心
Gedenkenstätte Berliner Mauer

http www.stiftung-berliner-mauer.de / ✉ Bernauer Straße 111(文獻中心)、119(訪客中心), Berlin / 📞 030213085123 / 🕐訪客及文獻中心：週二至週日10:00～18:00；紀念地展覽(露天)：每日08:00～22:00 / 💲免費 / ➡搭乘S1、S2、S25、S26至S-Nordbahnhof站；U6至Naturkundemuseum、U8至Bernauer Straße；M10至S Nordbahnhof；搭巴士247至S Nordbahnhof/Gartenstr站下車 / ⧖ 2～3小時

　　二次世界大戰結束後，柏林被劃分為東柏林(DDR)及西柏林(BRD)。一道全長約為170公里的柏林圍牆，象徵著二戰之後的西方資本主義與前蘇聯的分裂，是冷戰時期最具體的鐵幕。

　　圍牆的原址僅有少部分保留，其餘幾乎已拆除殆盡。在柏林北火車站前的Bernauer Straße，是目前完整規畫為露天展示區的遺址路段，其中有4個不同主題區段(A～D)：「柏林圍牆及死亡地帶」、「城市的毀壞」、「圍牆的建造」及「圍牆下的生活」。

柏林大教堂
Berliner Dom

http www.berlinerdom.de / ✉ Am Lustgarten, 10178 Berlin / ☎ 0320269136 / ⏰ 週一～六10:00～17:00、週日12:00～17:00 / 💲 成人票€19；學生優惠票€7 / ➡ 搭巴士100至Lustgarten站下車 / ⏳ 2～3小時

　　建築宏偉的柏林大教堂位在柏林施普雷河旁，博物館島的東部。曾作為宮庭教堂，其內部的裝潢及裝飾也因此特別的精緻及華麗。雖然經過了戰爭及戰後修復工作，但教堂的內外整體面貌仍保有當年的風采及氣勢。

　　從教堂內部往上登塔，可達中央大圓頂外圍的環狀塔台，除了可以看到不遠處的柏林電視塔（Berliner Fernsehturm），360度全景式的柏林城市樣貌也同時盡收眼底。

柏林電視塔
Berliner Fernsehtrum

http www.tv-turm.de / ✉ Panoramastraße 1a / ☎ 0302475750 / ⏰ 3～10月09:00～23:00；11～2月10:00～22:00 / 💲 套票(觀景台＋Berlin's Odyssey VR)：成人€29,50、兒童€19,50；觀景台：成人€22,50、兒童€12,50；餐廳內環：成人€24,50、兒童€14,50；餐廳外環(靠窗，限時1.5小時)：成人€28,50、兒童€18,50 / ➡ 搭乘大部分的S-Bahn或U-Bahn或巴士100至Alexsanderplatz站 / ⏳ 2小時

　　368公尺高的柏林電視塔，在亞歷山大廣場上迎接著來自世界各地的遊客。塔台內有203公尺高的觀景台，可一覽柏林市中心全貌，塔上亦有旋轉餐廳。電視塔推出了全新的Berlin's Odyssey VR虛擬實境項目，15分鐘的VR體驗，利用修復紀錄片的方式介紹柏林數百年的歷史；珍貴的歷史片段亦結合新科技以3D的方式在影片中重現。這裡必是柏林旅行中最重要的一站！

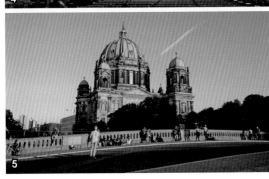

柏林城市新宮－洪堡論壇
Humboldt Forum im Berliner Schloss

http www.humboltforum.org / ✉ Schlossplatz, Berlin / 📞 030992118989 / 🕐 週一、三～日10:30～18:30 / 休 週二 / 💲 館廳內多數常設展均可免費參觀，導覽及部分特展需付費 / ➡ 搭乘U5 Museumsinsel、S/U Alexanderplatz、S Hackescher Markt；搭巴士100、300、N5至Lustgarten、147至Berliner Schloss / ⌛ 2～3小時

　　2020年底開幕的柏林城市新宮－洪堡論壇是柏林的重量級景點。柏林新宮曾經成立普魯士王國時期，又在東德時期成為「共和國宮」，隨後被拆除，一直到了2013年才開始以洪堡論壇之計畫重建，歷時7年才完工。「洪堡論壇」是柏林新宮裡一座大型博物館，收藏超過2萬件來自美洲、亞洲、非洲及大洋洲等的宗教、藝術文物品。承載及見證德國重要歷史事件的柏林城市新宮，以及擁有世界各地文物藝術珍品的洪堡論壇，絕對是柏林之旅的最新亮點！

夏洛騰堡宮及宮殿花園
Schlosspark Charlottenburg

http www.spsg.de / ✉ Spandauer Damm 10-22, 14059 Berlin / 📞 030320910 / 🕐 夏季4～10月10:00～17:30；冬季11～3月10:00～16:30 / 休 週一 / 💲 Ticket Charlottenburg+一般成人票€19；學生優惠票€14(套票為可以參觀所有的宮殿) / ➡ 搭S-Bahn S41、S42、S46至Westend站後，走Spandauer Damm出口；或搭巴士M45至Klausenerplatz或是Luisenplatz/Schloss Charlottenburg站下車 / ⌛ 3～4小時(含參觀博物館)

　　夏洛騰堡宮在17世紀由腓特列三世下令建造，並以他的愛妻夏洛騰為名的巴洛克式宮殿。宮殿在隨後的幾個世紀陸續被擴建，是霍亨左倫家族非常喜好的宮殿之一。無論是新舊宮殿（Altes Schloss，現為博物館）內部的華麗房間、瓷器精品以及琥珀屋，或是宮殿外的花園景觀設計都令人嘆為觀止。宮殿中的「新翼宮」（Neue Flügel）則是收藏了浪漫時期的畫作。

博物館島(世界文化遺產)
Museum Insel

http www.smb.museum / ✉ Bodestraße, Berlin / ☎ 030266424242 / © 掃QR Code查看 / $ 掃QR Code查看 / ➡ 搭巴士100至Lustgarten站下車，沿著Am Lustgarten路直走 / ⌛ 視參觀博物館數量而訂(每館可為約2～2.5小時)

在柏林至少有180家博物館，而在施普雷河(Spree)上的博物館島，就集中了5間博物館：柏林舊博物館(Alte Museum)、舊國家藝術畫廊(Alte Nationalgalerie)、柏林新博物館(Neues Museum)、博德博物館(Bode Museum)，以及佩加蒙博物館(Pergamonmuseum)，可安排一趟從古文明到19世紀的文化歷史之旅。

■ **柏林舊博物館**：建築物為古典古義風格。收藏有希臘、伊特魯里亞及羅馬時期文物。

■ **舊國家藝術畫廊**：收藏19世紀最重要的藝術畫作品。

■ **柏林新博物館**：收藏有史前舊石器的古文物。

■ **博德博物館**：數位化錢幣收藏以及拜占庭時期藝術雕塑作品。

■ **佩加蒙博物館**：完整收藏古代(近東／西亞)建築物之博物館。(此館將於2023年底閉館整修，預計2027年重新開放)

行家祕技　博物館星期日免費參觀！

在柏林參觀博物館除了柏林歡迎卡、博物館島套票等套票優惠之外，還有「博物館星期日」(Museumssonntag)活動，在每個月的第一個星期日可以免費參觀柏林幾乎所有的博物館喔！

http www.museumssonntag.berlin/de

1.巴洛克式建築的柏林城市新宮 ／ 2.宮殿前的英式花園設計及定期的維護工作，不同季節來參觀都有不同的樣貌 ／ 3.夏洛騰堡宮殿是柏林最大的宮殿 ／ 4.舊博物館是博物館島上歷史最悠久的一間 ／ 5.舊國家畫廊建築頗具氣勢，2樓平台上是威廉四世青銅像 ／ 6.博德博物館位於博物館島的最北角

萬湖
Wannsee

郊區 1日遊

http www.visitberline.de/de/wannsee-berlin / ✉ Wannseebadweg 25, Berlin / ➡ 搭S1、S7在Wannsee站下車。出站後走到一旁的公園內，即為萬湖景點區 / ⌛ 適合1日行程

　　這裡是連柏林人假日都喜歡來的地方。他們會帶著自行車，從這裡搭船遊湖到對岸的Kladow，不僅可以享受遊湖之樂趣，還可以感受柏林郊區騎自行車的悠閒氣氛。湖上最主要的島即是萬湖島以及孔雀島（Pfaueninsel）。萬湖曾經是西柏林及東德的交界處，以及「萬湖會議」召開的地點，在歷史中曾扮演了很重要的角色。從萬湖島再往西南邊走，通過著名的格林尼克橋（Glienicker Brücke）即進入布蘭登堡邦的首府波茨坦。

1.萬湖岸邊有不同的船運公司提供遊湖服務，由柏林BVG所營運的船次每小時一班。船票可以在現場購買 / 2.孔雀島上的宮殿 / 3.波茨坦忘憂宮一景 / 4.波茨坦市區的荷蘭城區

波茨坦市區
Potsdam

郊區 1日遊

http www.potsdamtourismus.de / ➡ 從柏林搭S7至終點波茨坦火車站。轉搭「Sanssouci-Linie」(X15、605、606、695)至波茨坦市區 / ℹ 有效的柏林ABC三區的交通票，適用波茨坦市區內的交通工具 / ⌛ 適合1～2日的行程

　　波茨坦是布蘭登堡州的首府，柏林則是位於該州內的中心位置，和波茨坦為鄰居城市。波茨坦曾是普魯士王國時期重要的副都，許多浪漫唯美的宮殿及花園都是在這時期建造，結合當地大大小小的湖泊，讓人彷彿置身在童話仙境裡。在二次世界大戰之後，波茨坦是許多重要歷史事件舉辦的地點。隨後該市進入前東德政權時期，與當時的西柏林無論是陸上或是水運都有著戒備森嚴的邊境管控。

　　如今波茨坦以「UNESCO波茨坦暨柏林宮殿及公園（Schlösser und Parks von Potsdam und Berlin）」世界文化遺產之姿吸引著無數的觀光客前來。重要景點有波茨坦市區中心（市政廳、聖古拉教堂、荷蘭城市、亞歷山德羅夫卡等）、無憂宮公園、新花園、巴貝爾貝格公園及宮殿。

漢堡
Hamburg

以港口貿易為生，就是漢堡最真實的生活寫照。

漢堡玩家建議

可安排2～3日遊行程

探索漢堡(官方旅遊網站) ▶

身為世界大港的漢堡，是德國邦級的城市(如同柏林)，也是德國和全世界做生意的大門，更是歐洲富裕的城市之一。推薦景點有市政廳、易北愛樂廳、易北河港口、Altona舊城區、漁市集、阿爾斯特湖、易北河口Blankenese城區等。來到這裡，一定要到易北河下游的港口，感受數百年來幾乎不間斷的貿易船隻往來的樣貌。

漢堡市政廳
Hamburger Rathaus

http www.hamburg.de/rathaus / ✉ Rathausmarkt 1, 20095 Hambrug / ⏰公共空間 / 💲免費 / ➡搭U3至Rathaus站下車；巴士3、31、609路至Rathausmarkt站下車，步行數分鐘即達 / ⧗0.5～1小時

市政廳位於市中心的阿爾斯特湖邊，於19世紀末花了十多年的時間才完工。目前除了是該市市政主要行政機管所在地，同時也是自由漢薩城漢堡市議會的所在地。市政廳1樓開放民眾參觀，前方廣場為市區內最重要的活動場所。

1.位於倉庫城最西端的易北愛樂廳(Elbphilharmonie)，是漢堡港口的地標，遊客可以前往欣賞音樂表演 / 2.位於Altona舊城區著名的Köhlbrandtreppe階梯 / 3.市政廳正門上方的拉丁文意思為：「前人獲得到的自由，世人更加珍惜。」中間窗戶兩側分別為查理曼大帝(左)以及神聖羅馬帝國的腓特烈一世(右)

世界文化遺產：倉庫城 (Speicherstadt)

於2015年列入UNESCO世界文化遺產的漢堡倉庫城，記錄超過125年港口及貿易的歷史。咖啡、可可以及香料的運輸在19～20世紀達到高峰，成為倉庫城最主要的進出口物品。這裡有倉庫城博物館、香料博物館，以及最受遊客歡迎的微觀世界博物館，建議可以安排至少1日的行程。

▲ 夕陽灑落在整排紅褐色的建築物上，倉庫城因此更顯得有歷史的韻味

倉庫城博物館
Speicherstadt Museum

http www.speicherstadtmuseum.de / ✉ Am Standtorkai 36, Hamburg / ☎ 040321191 / ◷ 週一～五10:00～17:00，週六～日10:00～18:00(11～2月10:00～17:00) / 💲 成人票€5，優惠票€3,50 / ➡ 搭U3至Baumwall站；U1至Meßberg站；U4到Überseequartier站 / ⧗ 博物館約1～1.5小時(香料博物館就在隔壁)

這座小巧的博物館內，完整及詳細地記錄了整個倉庫城的建築歷史，並呈現漢堡港口往年真實的船運貿易生活。透過館內的文獻資料，一張又一張的黑白照片，可以了解昔日港口貿易往來的貨物，儲藏方式以及交易的狀況，讓人想像著漢堡倉庫城興盛時期的樣貌。

▲ 倉庫城博物館入口處

▲ 博物館內一景

微觀世界博物館
Miniatur Wunderland

http www.miniatur-wunderland.de / ✉ Kehrwieder 2, Block D, 20457 Hamburg-Speicherstadt / ☎ 0403006800 / ◷ 每日營業時間不同，請上官網查詢 / 💲 成人票€20，優惠票€12,50(建議上網訂票，現場購票可能要等約30分鐘以上) / ➡ 搭U3至Baumwall站，或是U1至Meßberg站，步行約5分鐘 / ⧗ 3～4小時

世界上最大的鐵路模型場景就在這裡，館內以1:87的比例，幾乎將全世界的火車路線都規畫在不同的展間裡。每個主題展間透過火車路線搭建出不同的國家或是自然風景模型，在館內參觀就彷彿在環遊世界。此外還有飛機或是卡車等的主題模型區，其展覽品精工之技術讓人歎為觀止。

▲ 微觀世界博物館帶領參觀者暢遊全世界，非常值得一遊

玩樂篇

科隆及魯爾都會區
Köln und Metropole Ruhr

北萊茵—威斯特法倫州，文化與昔日煤礦工業大熔爐之旅。

科隆及魯爾都會區玩家建議

可安排停留5～7日

科隆身為德國第四大城，無論是在宗教、歷史或是經濟文化層面都極具參觀價值。位於科隆北方的前魯爾工業區大城市，如多特蒙德、埃森等，在21世紀初改造成功，昔日在歐洲工業歷史上舉足輕重的煤礦工廠，都已改造為藝文及觀光用途，一一保留了下來。在德國中西部安排一趟工業文化主題之旅，將如同身歷一場穿越時空的「鋼鐵之旅」！

▲ 魯爾都會區的發展和工業文化歷史關係密不可分

科隆
Köln

科隆官方旅遊網站 ▶

科隆以多個「K」傳統而聞名：教堂（Kirchen）、酒吧（Kneipen）、2月狂歡節嘉年華（Karneval），以及全世界唯一可以飲用的語言「Kölsch」（當地方言，同時也是啤酒的品牌）。這座德國最重要的國際大城，擁有著歐洲第二大的公共廣播公司（WDR，西德廣播公司），以及諸多現代媒體公司的媒體科技公園（Mediapark），科隆對於多元文化的包容以及時代創新的接受度高，是德國最受歡迎的觀光城市之一。

豆知識

超過6百年歷史的科隆大學

科隆大學（Universität yu Köln）建校於1388年，是繼海德堡大學之後，德國第二古老的大學。是當時在14世紀神聖羅馬時期成立的4所大學之一。科隆大學因此有著完整的文法商及醫學院科系，目前學生人數達4萬多人，在歷史上更產出了5位諾貝爾獎得主。

行家祕技 科隆行程安排

從萊茵河上的愛之鎖橋「霍亨佐倫橋」往舊城區步行，參觀科隆大教堂後，可以在鄰近的博物館擇一參觀，如：當代藝術的路德維希博物館，或是舊市場(Alter Markt)上的哥德式市政廳，並且在附近喝上一杯道地的科隆啤酒(Kölsch)。時間充裕的話，在市中心的北方有適合親子同樂的科隆動物園，或是往市中心南方的萊茵澳半島上的巧克力博物館，這兩個景點都很適合半日遊。

想要探索更多教堂博物館或是科隆城市歷史遺址，則可從市中心的西方至中世紀防禦城門Hahnentor規畫行程。若是於2月遊玩科隆，可千萬別錯過德國西部最重要的嘉年華盛事，在遊行中一同高聲歡呼：「Alaaf」！

1.科隆大教堂前的音樂表演 / **2.**霍亨佐倫橋上 / **3.**羅馬—日耳曼博物館收藏有重要的古羅馬文物 / **4.**科隆大學校園一景

科隆重要景點

- 科隆大教堂(Kölner Dom)及霍亨佐倫橋(Hohen-zollernbrücke)
- 羅馬—日耳曼博物館(Römisch-Germanisches Museum)
- 路德維希博物館(Museum Ludwig)
- 伊姆霍夫巧克力博物館(Imhoff-Schokoladenmu-seum)
- 科隆動物園(Kölner Zoo)
- 科隆大學(Universität zu Köln)

貼心小提醒

MiQua城市歷史考古地下博物館

目前預計2026年開館的科隆考古城區之猶太博物館MiQua(MiQua-LVR-Jüdisches Museum im Archäologischen Quartier Köln)，是穿越科隆2千年歷史的地下博物館，屆時將會是當地最重要的新景點。

萊茵—魯爾都會區
Metropolregion Rhein-Ruhr

在這充滿現代國際化工商業氣息的德國最大都市區：北萊茵—威斯特法倫州（Nordrhein-Westfalen），橫跨城市包括埃森、多特蒙德、波鴻、杜伊斯堡等，其中的數十個廢棄的煤礦工廠已分別被改造為博物館、藝文或是休閒娛樂中心，並結合成工業文化歷史旅遊主題：魯爾礦業文化主題路線（Route der Industriekultur），褪去昔日褐黃色的礦工頭盔，網絡式地將昔日魯爾工業區所組成的城市帶，以觀光文創的新面貌重現在世人面前。

http www.route-industriekultur.ruhr

魯爾區官方旅遊網站 ▶

行家祕技 ■ 魯爾都會區行程安排

官方的路線一共列出了27座科技及社會歷史主題博物館、17個工業路線全景觀景台以及13座前煤礦工人住宅區。以5～7日遊為例，可以選定大城市如埃森或是多特蒙德為住宿點，再列出欲參觀的景點及城市所在位置，規畫每日去一個城市1日或半日遊(1～2個景點)。

魯爾都會區的區間火車、地鐵、街車及巴士路線網絡相當完善，在不同城市間穿梭都約在20分鐘內。交通票券可以參考當地VRR的24或48小時日票價格(至A3票價區，可至埃森、多特蒙德及杜伊斯堡全區，團體票優惠至5人)。另有煤礦工廠及博物館參觀優惠票券RUHR.TOPCARD，為全年票券，可免費參觀90座博物館。

http www.vrr.de、www.ruhrtopcard.de

杜伊斯堡
Duisburg
埃森
Essen
波鴻
Bochum
多特蒙德
Dortmund

1.多特蒙德今日已搖身變為保險和服務業的現代城市 / 2.充滿工商業氣息的杜伊斯堡購物大街 / 3.波鴻昔日舊礦工場

埃森
Essen

關稅同盟煤礦工業廠建築群
Zeche Zollverein

http www.zollverein.de

經由現代包浩斯建築理念重新打造，爲多主題的工業藝文博物館及文化中心，是UNESCO世界文化遺產之一。園區開放免費參觀，礦廠內部有不同主題的導覽（需付費，德、英文），可從不同的角度來認識，如：「關於煤礦和礦工」、「洗煤流程」（1小時）、「從煤礦、焦炭到勤奮的工作」等，另有親子礦場體驗及針對團體預約的建築主題導覽。園區內還有魯爾博物館（Ruhr Museum），介紹魯爾區的自然及文化歷史，以及由前礦場鍋爐屋改建的紅點設計博物館（Red Dot Design Museum）。

1.關稅同盟煤礦工業廠是該區行程的首選 / 2.瑪格麗頓高坡 / 3.Grugapark公園 / 4.舊猶太會堂

瑪格麗頓高坡
Margarethenhöhe

瑪格麗頓高坡爲前煤礦工人住宅區，是由19世紀該區的鋼鐵重工業家族—克虜伯家族（Krupp）在當地建造的一處優雅的住宿典範。

Grugapark公園

Grugapark公園是在瑪格麗頓高坡東方，魯爾都會區最大的公園綠地之一，除了休閒運動之外，也有露天音樂以及夜晚燈光秀等文藝活動。

舊猶太會堂
Alte Synagoge

埃森的舊猶太會堂位於市中心旁，是德國目前最大的拜占庭建築風格的猶太會堂。會堂內收藏了完整的猶太人社區歷史文物，從飲食文化到電影音樂，寬廣的3層樓，生動而又簡約的展覽，絕對是認識猶太文化重要的站點。

波鴻
Bochum

德國礦山博物館
Deutsches Bergbaumuseum
http www.bergbaumuseum.de

　　昔日為培訓礦工而收集的器具及用品場所，保留了完整礦工的工作流程以及採礦用具的知識，在今日成為認識礦廠工作環境的最佳教學地點。

百年大廳
Jahrhunderthalle
http www.jahrunderthalle-bochum.de

　　於1902年為了杜塞爾夫工業及貿易會展而建造的波鴻百年大廳會館，在結束任務後遷移到了波鴻。在這長度比足球場還長的大廳內，3千多坪的室內使用空間裡，不僅是波鴻重要的藝文音樂活動表演會館，同時更是當地居民在冬季時最佳的室內運動場，可進行專業滑板、溜冰等項目。

杜伊斯堡
Duisburg

北杜伊斯堡景觀公園
Landschafspark-Duisburg-Nord
http www.landschaftspark.de

　　園區內無論是散步（景觀公園的5號高爐開放民眾登爐觀全景）、租借單車遊園區，或是在舊建物上攀岩，甚至在由歐洲最大的煤氣鼓改建的室內潛水池（直徑45公尺，深度13公尺）體驗，都不成問題。除了日間導覽，也有夜間礦廠導覽（18:00、18:30，需自備手電筒）。而最著名的舊礦廠夜晚燈光藝術裝置（週五～日及節日晚上），更是不可錯過的行程。

> 1.藉由導覽可以親身體驗地下20公尺深的礦工世界 / 2.百年大廳過3次擴建，連同周圍的高水塔、冷卻塔等礦廠設備，是參觀礦工歷史的主要景點之一 / 3.180公頃大的北杜伊斯堡景觀公園是魯爾都會區最重要的文化遺產之一 / 4.杜伊斯堡內河港是全世界最大的內河港，其地標「Five Boats」是現代辦公大樓建築群

多特蒙德
Dortmund

佐倫煤礦工廠
Zeche Zollern

http www.zeche-zollern.lwl.org

佐倫煤礦工廠成立於19世紀末，以當時的貴族霍亨佐倫家族而命名的。由於昔日礦業的興盛，該礦廠以媲美宮殿級的青年藝術建築被建造，乃位於魯爾都會區8座礦業博物館（Industriemuseum）的主館，同時亦是歐洲工業文化主題路線（Europäischen Route der Industriekultur）上重要的景點之一。

艾文舊礦工社區
Alte Kolonie Eving

礦場（Zeche Minister Stein）當時為了吸引礦工前來定居工作，在該區提供了非常低廉的房價出租給工人家庭。經過近代數次的城市改建爭論，所幸艾文舊礦工社區最後還是被保存了下來。

行家祕技　威斯特法倫足球高爾夫球場

多特蒙德以擁有全德最大的足球場而聞名：西格納伊度納公園的威斯特法倫球場（Soccerpark Westfalen），當地人民對足球的熱愛不言而喻。就連溫文儒雅的高爾夫球在多特蒙德都免不了受到足球的「影響」。位於艾文舊礦工社區南方不遠處，坐落著一座小型足球高爾夫球場。十八洞嚴格又高難度的足高球比賽規格，將小白球換成足球用腳踢，是否能夠完美進洞，則要看球員的腳下功夫了！

http www.soccerpark-westfalen.de

貼心 小提醒

北萊茵－威斯特法倫州延伸景點

杜塞多夫：萊茵塔、多瑙河全景步道、小日本城區、後現代主義建築蓋瑞建築群。

波恩：舊市政廳、貝多芬博物館及紀念雕像、北日耳曼羅馬市國界牆、波恩聯邦議會大廈。

北萊茵－威斯特法倫州 ▶
官方旅遊網站

1,2.艾文舊礦工社區一共有15種不同的住屋設計風格，社區內隨處都還可見礦工歷史的蹤影

法蘭克福
Frankfurt am Main

結合現代及傳統氣息的美茵河畔法蘭克福。

法蘭克福玩家建議 可安排停留2～3天

位於美茵河畔，工商與文化氣質兼具，法蘭克福身為德國的第五大城市，不管是在金融、工商或交通，在歐洲及德國都扮演著重要的角色，它同時也是德國最大的航空及鐵路樞紐。

13世紀以來，繁忙的經濟腳步從沒在這個城市停過，就算是經歷第二次大戰的重建階段亦是如此。而連續舉辦了近半個世紀之久的「法蘭克福國際圖書博覽會」(Frankfurt Buchmesse)，以及名聲享譽全球的法蘭克福大學(又稱歌德大學)，為這個城市增添了許多文化氣息。

行家祕技 探索法蘭克福景點！

推薦景點：老尼古拉教堂、保羅教堂、聖母教堂、法蘭克福聖保羅教堂、歌德紀念雕像、美茵塔及觀景台、小市集廳、采爾大街及柏格大街(購物街)、美茵河畔等。

◀ 法蘭克福(官方旅遊網站)

1.羅馬廣場旁的嘆息橋 / 2.采爾大街行人步道區，有許多精品及美食餐廳 / 3.聖保羅教堂

1 **2** **3**

博物館河岸
Museumsufer

http www.museumsufer.de / ✉ Brückenstraße 3-7, Frankfurt am Main / 📞 0692236325 / 🕐 視各博物館而定 / 💲 視各博物館而定 / ➡ 搭街車14、15、18至Hospital zum Heiligen Geist；搭巴士30至Schöne Aussicht至美茵河畔，可步行至河岸兩岸多數博物館 / ⏳ 2~3小時

法蘭克福「博物館河岸」一共有39座博物館，多數坐落於舊城區以及舊城區對面的河岸旁（薩克森豪森城區），少數需要搭車到其他城區。

重要的展館有：施特德爾美術館（約10萬件西洋繪畫作品）、德國建築博物館（從石器時代開始的系列主題館）、德國郵政博物館，及德國電影博物館等，可以選擇自己喜好的主題參觀。

> 1.美茵河畔旁的施特德爾美術館(Städel Museum) / 2.河岸旁成排的博物館 / 3.德國建築博物館 / 4.橋上的希臘文譯為德文為「Auf weinfarbenem Meer segelnd zu anderen Menschen」，意思是：在如酒色般的海上航向其他人

法蘭克福鐵橋
Eiserner Steg

http www.frankfurt-tourismus.de(選Discover+Experience→Best of Frankfurt) / ✉ Eiserner Steg, Frankfurt am Main Innenstadt / 🕐 24小時 / 💲 免費 / ➡ 搭U4或U5到Dom/Römer站，出站後直走到Römerberg，再轉Fahrtor路走到河邊 / ⏳ 20分鐘

這一座連接市中心（Innenstadt）和美茵河左岸的Sachsenshausen區的橋梁，不僅在實質功能上提升了河兩岸市民之間的溝通，今日這裡也成為了法蘭克福著名的地標之一。

玩樂篇

羅馬廣場及市政廳
Römerberg(Römer)、Rathaus

 www.frankfurt.de(搜尋Römerberg) / ✉ Römerberg, Frankfurt am Main / 🕐 24小時 / 💲免費 / ➡搭U4、U5到Dom/Römer站 / ⏳ 0.5～1小時

羅馬廣場是法蘭克福的舊城市中心，曾是重要的政治及商業貿易場所。廣場中央爲正義噴泉，

噴泉後方則有超過600年歷史的市政廳，也就是當地人稱的Römer（羅馬人）。

市政廳經過二戰後重建，呈現出中世紀皇帝選舉場所之氣派，今日可以參觀其內的皇帝廳。廣場上還有老尼古拉教堂，以及木桁架屋建築群。

1.廣場旁的老尼古拉教堂 / 2.市政廳外牆上有4位神聖羅馬帝國皇帝的雕像 / 3.羅馬山廣場

🔘 豆知識
不可錯過的文化大城

一個城市，可能會因一個名人而變得舉世聞名，法蘭克福除了是德國大文豪約翰·沃岡·馮·歌德(Johann Wolfgang von Goethe)的出生地之外，從歌德故居往北走約30分鐘的路程，即是負責制定德國國家書目的德國國家圖書館(Deutsche Nationalbibliothek)。

此外，舉辦了超過半世紀的「法蘭克福圖書博覽會」，每年吸引了全世界的出版商前來朝聖。這樣一個充滿著文學書香氣息的城市，怎能錯過呢？

路上觀察 柏林圍牆在法蘭克福

一件由曾住在柏林的法國藝術家Thierry Noir繪製的圍牆藝術品，原本屬於一旁萊卡美術館的展品，本來應在展期過後即處理掉，後來策展人在法蘭克福政府的同意下保留，成爲Am Salzhaus的街頭藝術品。

法蘭克福大教堂
Kaiserdom St. Bartholomäus

http www.dom-frankfurt.de / ✉ Domplatz 14, Frankfurt am Main / 📞 0692970320 / 🕐 每日09:00～20:00 / 💲 免費 / ➡ 搭U4或U5到Dom/Römer站，出站後，沿著Markt路走即可看到 / ⧗ 30分鐘

　該市最大的教堂，又名「聖‧巴爾多祿茂‧皇帝大教堂」。在神聖羅馬帝國時期，皇帝的選舉及加冕儀式都在此舉行。經歷多次修建後，於13世紀確立了今日所見哥德式的建築外觀，即便二戰時曾被摧毀，仍以中世紀時的樣貌重建。

1.歷代神聖羅馬帝國皇帝加晚冕的專用教堂 / 2.歌德故居 / 3.歌德博物館

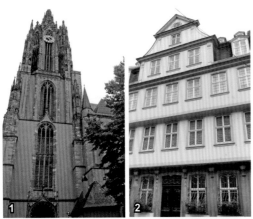

歌德故居
Frankfurter Goethe-Haus

http www.frankfurter-goethe-haus.de / ✉ Großer - Hirschgraben 21, Frankfurt am Main / 📞 069138800 / 🕐 週二～日及假日10:00～18:00、週四10:00～21:00 / 休 週一 / 💲 一般成人票€7；學生優惠票€3 / ➡ 搭S-Bahn所有經過Hauptwache站的路線，或是U-Bahn經過Hauptwache、Willy-Brandt Platz這兩站，出站後步行5分鐘即可抵達 / ⧗ 1～2小時

　1749年，德國大文學家歌德（Johann W. von Goethe）於法蘭克福出生，集作家、戲劇家、詩人等頭銜於一身，是威瑪時期的古典文學主義最重量級的代表人物。歌德故居（Goethehaus）一共有4層樓，雖經過第二次大戰後重建，但是現今仍是完整呈現出昔日歌德住家的樣貌。而歌德博物館內共有14個展覽間，收藏有歌德時期不同藝術家的相關畫作。

行家祕技 Free Walking Tour

　英語還不錯的人可以參考專屬法蘭克福(以及海德堡)城市的英語導覽Free Walking Tour，時間通常為兩個小時，對於有英語程度或是想練習的人來說，這絕對是最好的機會。如果在行程最後，能夠給予一些心意(但不強迫，可以中途離團)，將會更激發他們持續下去的動力哦！

http www.alternative-walking-tour.com

只要上網確定▶
好時間及集合
地點，在現場
看到背著這個
背包的人，就
打個招呼後自
由加入

法蘭克福國家圖書館
Deutsche Bibliothek Frankfurt

http www.dnb.de / ✉ Adickesalle 1, Frankfurt am Main / ⓒ 不對外開放，服務處開放時間：週一～五09:00～19:00，週六10:00～18:00：不對外開放 / ➡ 搭U5線，往Preungesheim方向，到Deutsche Nationalbibliothek站下車 / ⧗ 30分鐘

德國有3座國家圖書館（Deutsche Nationalbibliothek），分別位於萊比錫、法蘭克福及柏林（此為德國音樂檔案館）。法蘭克福國家國書館隸屬於德國聯邦政府之下，是非借閱性綜合圖書館，從20世紀初即開始保存所有德語出版品，同時負責制定德國的國家書目。

本館成立於二次大戰後，是當時西德有鑑於位於萊比錫的國家圖書館在戰後歸東德所有，於是在西德另外建了一個具國家級象徵性的圖書館。圖書館內有不定期的展覽，也提供免費的導覽。

1,2.法蘭克福國家圖書館 / 3.棕櫚樹公園內的主題玫瑰園 / 4.棕櫚樹公園內的亞馬遜王蓮（Victoria amazonica）

棕櫚樹公園
Palmen Garten

http www.palmengarten.de / ✉ Siesmayerstraße 61, Frankfurt am Main / ☎ 069745839 / ⓒ 週二～日09:00～18:00 / 休 週一 / $ 成人票€7；學生票€3 / ➡ 搭U4、6、7線，到Bockenheimer Landstraße或是Westend站下車。在Bockenheimer Landstraße街上找到Siesmayerstraße(在兩個地鐵站之間)後轉入，步行數分鐘即可抵達 / ⧗ 2～3小時

占地約26公頃的棕櫚樹公園，是德國最大的棕櫚樹公國，內有數個室內熱帶氣候展覽廳，在室外也種植了多樣樹種，園內有小火車可以遊園，非常適合喜好植物的旅客或是家庭的親子旅行。

豆知識

德國有兩個法蘭克福？

除了美茵河畔的法蘭克福之外，位於柏林東方約100公里的奧得河畔也有一個稱作法蘭克福的城市。前者以「Frankfurt am Main」，後者以「Frankfurt an der Oder」來區分。

海德堡
Heidelberg

文哲氣息與浪漫宮殿的合奏曲。

海德堡玩家建議

可安排1日遊
(搭配法蘭克福)

海德堡是一座擁有德國最古老大學的大學城，小城鎮裡同時充滿著傳統的學術氣息，又有著來自世界各地有活力的大學生。內卡河流經海德堡市中心，河上的老橋以及一旁山坡上的海德堡宮殿遺址，最著名的山林間幽靜的「哲學家之路」小徑，都是海德堡最受歡迎的熱門景點。其他還有卡爾-特奧多橋、老橋猴、海德堡主街、海德堡大學、大學圖書館、聖人山、露天劇場。

探索海德堡(官方旅遊網站) ▶

▲ 海德堡老橋及著名的雙塔橋頭

▲ 1.7公里的海德堡主街是歐洲最長的城市主街

行家祕技 **哲學家小徑及露天劇場遺址**

哲學家小徑(Philosophenweg)位於老橋橋頭的另一端河岸山林間，這條長約2公里的健行步道非常地幽靜，步道前段尚可眺望內卡河對岸充滿塵囂的舊城區。再沿著步道走，則會被引領到兩側充滿著林蔭的山坡林間，清新的空氣、悠閒的氣氛，是夏日午候遊海德堡最佳的景點。

露天劇場遺址(Thingstätt)位於哲學家小徑附近的聖人山上，該劇場遺址是納粹時期以古典希臘劇場為範本而建造的，以作為宣傳活動之用途，有著非常好的劇場聲學效果。然而這裡僅在1935～1939年間舉辦過幾次戲劇表演，二次大戰開始後即不再被使用。今日這裡仍然是海德堡著名的景點之一，也常可以看到大學生在這「後山」上散步。

▲ 露天劇場遺址

海德堡宮殿城堡
Schloss Heidelberg

🔗 www.schloss-heidelberg.de / ✉ Schloss Heidelberg, Heidelberg / ☎ 06221538472 / ⏰ 4～10月08:00～18:00, 11～3月08:00～18:00。參觀城堡內部需參加導覽 / 💲 套票€9,00（包含纜車、城堡區、大酒桶、德國藥房博物館）；導覽需另付費€6,00；宮殿花園免費參觀 / ➡ 從海德堡火車站搭巴士33至Rathaus/Bergbahn站，下車即達山坡列車站，再搭列車至宮殿 / ⌛ 半日

　　海德堡宮殿城堡曾是該普爾茲選侯國的政治中心，然而遭遇到無情戰火以及天災，宮殿最後僅存今日的廢墟遺址。儘管如此，保存仍算完整的奧特海因里希宮以及弗里德里希宮，仍能將其文藝復興的建築風格完全展現，連同宮殿一旁的幾何花園，讓人猶如置身在浪漫的17世紀。

普法爾茨博物館
Kurpfälzisches Museum

🔗 www.museum-heidelberg.de / ✉ Hauptstraße 97, Heidelberg / ☎ 062215834900 / ⏰ 週二～日10:00～18:00 / 休 週一 / 💲 常設展成人票週二～五€3,00、週末€1,80；特展成人票€6,00 / ➡ 從Bismarckplatz往主街Hauptstraße走，步行約15分鐘即達 / ⌛ 1～1.5小時

　　普法爾茨博物館大量的收藏品都是來自於19世紀初一位伯爵之子Charles de Graimberg，是法籍畫家兼藝術品收藏家。館內收藏有15～20世紀豐富的畫作、12～20世紀的雕像藝術品，瓷器、硬幣、玻璃及家具工藝品。同時也有著內卡河地區的考古研究文獻、普法爾茨家族的重要人物、年代紀事以及海德堡的城市歷史。

1.城堡廢墟的樣貌讓人感受到戰火及天災的無情 / 2.從老橋上眺望海德堡宮殿城堡 / 3.位於海德堡主街上的普法爾茨博物館

斯圖加特
Stuttgart

有著「汽車搖籃」美名的斯圖加特，是巴登-符騰堡邦的文化及工業重鎮。

斯圖加特玩家建議　可安排3～5日遊行程

斯圖加特以首府的身分傳承著巴符邦重要的歷史及傳統文化。在經濟表現方面也是非常得搶眼，許多世界知名的企業也都將總部設立於此，而著名的奔馳和保時捷跑車的總部更是在此打造了一個愛車者的天堂：汽車城。此外還有斯圖加特圖書館、斯圖加特國立美術館、市立劇院、電視塔、市集大廳等景點也很值得一訪。

探索斯圖加特(官方旅遊網站) ▶

行家祕技　持城市卡免費參觀博物館

和其他城市不同的地方是，斯圖加特城市卡可免費參觀市內所有的博物館(不是只有打折而已)。而StuttCard PLUS方案還可免費搭乘(限定天數內)市區內所有交通工具，是一張非常划算的城市卡！

在當地的旅遊資訊中心索取城市卡中文相關簡章 ▶

新王宮及王宮廣場
Neues Schloss & Schlossplatz

http www.neues-schloss-stuttgart.de / ✉ Schloßplatz. 4, Stuttgart / ☎ 07141182004 / ➡ 搭U5、U6、U7或是U15到Schlossplatz站下車 / ⏳ 0.5～1小時 / ℹ 新王宮內為巴符州的政府相關部門所在地，非觀光用途。宮殿花園為公共場所及免費參觀

從斯圖加特總火車站(Stuttgart Hbf)沿著國王大道(Königsstraße)直走，不僅可以在大道上盡情的享受逛街購物的樂趣。走到大道的另一端就是王宮廣場，四周環繞著文藝復興時期特色的古老城堡，巴洛克式新王宮(Neues Schloss)及超現代建築風格的藝術博物館(Kunstmuseum)。新王宮今日為巴符邦政府及議會所在地。

賓士博物館
Mercedes-Benz Museum

http www.mercedes-benz.com / ✉ Mercedesstraße 100, Stuttgart / ☎ 07111730000 / ⏰ 週二～日09:00～18:00 / 休 週一 / $ 一般票€12，優惠票€6 / ➡ 搭乘S1、2、3線至Bad Cannstatt站，轉搭巴士45至Mercedes-Benz Welt站 / ⏳ 3～4小時

在賓士總廠旁的博物館，2006年建置一棟超

現代的建築，已成為斯圖加特的地標，開放給全世界愛車的朋友參觀，館內有上百部車款。19世紀、20世紀初期的元老車、30年代的老爺車、時速300公里以上的F-1賽車，以及日本天皇、天主教宗以前的座車，應有盡有，每層樓照時代先後規畫。可以從最頂層開始參觀，頂層為創辦時期展廳，是愛車族絕不能錯過的殿堂。

> 1.斯圖加特王宮廣場(Schlossplatz)的噴泉 / 2.新王宮不對外開放，僅於特殊活動時有特例 / 3.賓士博物館為斯圖加特的新地標 / 4.館外有經典車款的展示 / 5.位於王宮廣場一旁的符騰堡邦立博物館

符騰堡邦立博物館
Landesmuseum Württemberg

http www.landesmuseum-stuttgart.de / ✉ Altes Schloss, Schillerplatz 6, Stuttgart / ☎ 071189535111 / ⏰ 週二～日10:00～17:00 / 🚫 週一 / 💲 一般展覽(Schausammlungen und Stänesaal)成人€6、優惠€5；Haus der Musik免費，其他特展票價均不同，需上網查詢 / ➡ 搭U5、U6、U7或是U15到Schlossplatz站下車 / ⏳ 1～2小時

位於新王宮廣場一旁的舊王宮(Altes Schloss)是符騰堡州(巴登－符騰堡州合併前的地理區域)最具代表性的歷史文物博物館，收藏有最豐富的符騰堡州從史前至近代的考古文史記錄及文獻珍藏品，包含當地的地區性史料、文化、政治、宗教藝術領域等。在博物館內除了一般常設展及特展之外，亦有樂器收藏館及兒童互動博物館，是非常值得參觀的景點。

保時捷博物館
Porsche-Museum

http www.porsche.com/museum/de / ✉ Porscheplatz
1, Stuttgart / 📞 08003560911 / 🕐 週二～日09:00
～18:00 / 休 週一 / 💲 €10，優惠票€5 / ⏳ 2～3小時

斯圖加特另一座汽車博物館：保時捷博物館，位於Zuffenhausen城區內。博物館本身具未來主義的建築就如同一件大型藝術品，其周圍則是汽車銷售中心及辦公大樓。寬敞又具流線型設計的博物館內部展示了80部的經典型車款，以及其他最新的跑車，其中最有名的暢銷車款911Turbo當然是所有目光的焦點。

無論是創辦保時捷汽車家族的歷史、賽／跑車引擎技術上的演進發展、不同時代的經典車型，都可以在這裡一一探索。保時捷車迷更不能錯過的是博物館提供的跑車租借服務，讓車迷可以體驗在保時捷的家鄉駕駛保時捷上路的快感。

行家祕技　順遊保時捷體育場

在賓士博物館一旁，即是保時捷體育場(Porsche Arena)，這裡不定期舉辦大型活動。然而若要從賓士博物館到保時捷博物館，則要另外搭S1再轉S6到Neuwirtshaus(Porscheplatz)站。2個博物館之間需要約1小時的車程，建議可擇一參觀，或分2天參觀。

1.保時捷博物館外觀 / **2.保時捷博物館內收藏完整的各類車款** / **3.白院聚落社區一景** / **4.白院聚落如同露天博物館，房屋外都會有資訊看板介紹房屋建築師及相關資訊**

白院聚落
Weißenhofsiedlung

 www.weissenhofmuseum.de / ✉ Rathenaustraße 1-3, Stuttgart / ☎ 0711257987 / ◷ 週二～五11:00～18:00，週末及假日10:00～18:00 / 休 週一 / ⑤ 成人€5、優惠€2 / ➡ 搭U5往Killesberg方向至終點站Killesberg站，沿著指標走，步行約10～15分鐘即達 / ⌛ 1小時

位於Killesberg城區山坡上，20世紀初因建築特展「居家」(Die Wohnung)而落成的白院聚落社區，該特展由知名建築大師勒‧柯比意(Le Corbusier)及其他來自歐洲各國的建築師一同參與。白色、極簡風格、平屋頂的社區住宅，在這片山坡住宅區獨樹一格。

可在社區內散步參觀其建築設計，一旁亦有路標及資訊看版，說明房屋的建築師及其他資訊。其中的「勒‧柯比意之家」(為該建築計畫的博物館，介紹當時的建築計畫，以及當時因建築前衛性而引發的爭論性議題等相關發展資訊)。白院聚落在2016年被列入UNESCO世界文化遺產。

行家祕技 ｜ **巴特康斯特城區**

巴特康斯特(Bad Cannstatt)是斯圖加特地區最早有人定居的城區。這裡不僅有許多傳統房屋建築，更因為其地理位置關係而有著豐富的礦泉水源，因此以水療浴場聞名，如礦泉浴場(MineralBad Cannstatt)。

此外，這裡亦是汽車發明者之一戴姆勒(Gottlieb Daimler)實驗室所在地。更不能錯過的是這裡的施瓦本傳統民俗活動(Cannstatter Volkfest，又稱為Cannstatter Wasen)，於每年9月底舉辦，其規模及特殊性可比擬斯圖加特的秋季啤酒節！

▲ 巴特康斯特市政廳

豆知識 ｜ **卡爾斯魯爾，巴符州另一個首府？**

位於斯圖加特西方約70公里處的卡爾斯魯爾是巴登－符騰堡州的第二大城，然而在巴符州合併之前，它其實是前巴登州的首府，巴登州和符騰堡州從地理及歷史人文傳統的角度來看，有許多不同之處。前巴登州以日耳曼人文化以及黑森林區的傳統特色為主；而前符騰堡大部分城鎮則是以施瓦本傳統文化為主。

卡爾斯魯爾是卡爾三世‧威廉在18世紀初時下令重建的巴登州首府，因此在該城市內亦有其王宮宮殿，以及其著名的扇形城市區。旅行巴符州時，不妨比較一下兩個前首府所帶來的不同魅力！

▲ 卡爾三世‧威廉銅像及卡爾斯魯爾宮殿

博登湖
Bodensee

郊區
1日遊

http www.bodensee.de / ⓒ春、秋季為船運淡季、夏季為旺季,冬季船運及附近餐廳飯店不營運 / $BSB船票需另行購買 / ➡從卡爾斯魯爾搭乘黑森林火車RE2直達康士坦茲,約3小時車程;從弗萊堡至博登湖較不易 / ⌛1日或多日

博登湖位於德國最南部,以該湖和奧地利及瑞士相接,是南德的熱門旅遊景點之一。博登湖是萊茵河上游的天然儲水庫,亦提供了當地重要的水源。除了提供遊湖等一般的觀光項目,其四周也環繞著許多熱門的城市景區,如康士坦茲(Konstanz)、林道(Lindau)、腓特烈港(Fried-richshafen)、梅爾斯堡(Meersburg),以及兩座小島:萊赫瑙島(Reichenau)、邁瑙島(Mainau),無論是萊赫瑙島上的古修道院或是邁瑙島3~5月的花季,都是非常值得參觀的。

在斯圖加特旅行,可安排博登湖搭配一個沿岸主要城市1日遊,或是直接在博登湖區規畫3~5日的行程。沿岸景點:Imperia雕像、齊柏林飛船博物館、UNESCO世界文化遺產的史前湖岸木樁建築、萊赫瑙島(萊赫瑙修道院)、腓特烈港莫勒塔等。

1.從腓特烈港的莫勒塔上俯瞰博登湖畔的景色 / 2.搭船遊博登湖,前往其他城市 / 3.康士坦茲為博登湖區的大城市,圖為該城著名的Imperia雕像

弗萊堡
Freiburg im Breisgau

來弗萊堡感受悠閒步調與小城小鎮的氣息，吸取大自然的芬多精。

弗萊堡 玩家建議　可安排1～2日遊行程

弗萊堡是德國日照最充足的城市，它除了是由西南端通往黑森林的重要通道之外，本身也是德國非常重要的大學城之一：弗萊堡大學。悠閒而不繁忙的市中心，有著來自世界各地的觀光客以及國際大學生。夏日遊弗萊堡，別忘了和當地人一樣人手一隻冰淇淋漫步在古老的石磚小道上。

▲ **市中心內的兩個施瓦本城門(Schwaben Tor)是著名的觀光景點**

行家祕技　探索弗萊堡景點！

推薦景點：施瓦本門、馬丁門、奧古斯丁博物館、弗萊堡大學、圖書館，以及市立劇院。

官方旅遊網站▶

▲ **弗萊堡大學圖書館**

路上觀察　弗萊堡的人工街溪

弗萊堡市區內最吸引人的建設之一就是人工街溪，在歷史上扮演著鎮上民生及消防用水的角色，並且被保留至今。樸實的小鎮加上傳統的街溪，無論是當地人或是遊客都非常喜愛。夏季時，常可以看到小朋友們拿著自己心愛的玩具在街溪旁戲水。

弗萊堡大教堂
Freiburger Münster

http www.freiburgermuenster.info / ✉ Münsterplatz, Freiburg im Breisgau / 📞 0761202790 / 🕐 週一～六07:00～19:30，週日及假日07:00～21:00；塔鐘觀景週二～六11:00～16:00，週日13:00～17:00 / 💲 塔鐘觀景成人票€5，優惠票€3 / ➡ 搭Straßenbahn 1、3、5路，到Bertoldsbrunnen站下車，步行約5分鐘 / ⏳ 0.5～1小時

　　弗萊堡大教堂於19世紀時，是天主教弗萊堡總教區的主教座堂，由於建造時間將近350年，因此整體雖以哥德式建築風格為主，內外部仍能夠看到不同時期整建的建築元素。祈禱室內的祭壇畫藝術，及教堂上方兩側由當地各行業工商會所捐贈的玻璃彩繪，都值得慢慢欣賞。可以付費登上鐘樓觀景台，一覽弗萊堡市區全景。

　　教堂外的廣場不定時有市集，而廣場上著名的歷史商樓（Historisches Kaufhaus）曾經是弗萊堡地區重要的貨物查驗及決定關稅費用的地點。

施羅斯貝格山(城堡山)
Schlossberg

http visit.freiburg.de/attraktionen/schlossberg / ➡ 搭乘街車1號至Oberlinden站下車 / ⏳ 2～3小時

　　施羅斯貝格山位於施瓦本門後方的山邊。這裡曾經有當地公爵家族的宮殿，無論在政治、經濟及軍事上，都代表著弗萊堡在歷史上的特殊地位。然而該宮殿未能躲過無情的戰火，在17世紀時被徹底炸毀，今日在這座小山丘上只能看到少數僅存的遺跡。

　　施羅斯貝格山上的施羅斯貝格塔樓是為了紀念不復存在的宮殿而建立的。登上塔樓的觀景台，不僅可以看到弗萊堡全市，遠處黑森林的景色亦可以盡收眼底。

> 1.大教堂哥德式的建築風格，是當地重要的建築藝術代表／2.大教堂廣場上的歷史商樓／3.教堂的飛拱／4.從弗萊堡教堂廣場後方小山區看到的弗萊堡大教堂／5.山上路德維希崗遺址／6.33公尺高的施羅斯貝格塔樓

玩樂篇

肖恩英斯蘭山區纜車

行家祕技

位於弗萊堡東南方大約10公里處的肖恩英斯蘭山(Schauinsland)，是弗萊堡最佳的郊區旅遊景點。搭乘街車2號至Dorfstraße下車後，再搭巴士21至Horben(Breisgau)-Schauinslandbahn站，即可抵達山區纜車搭車處。該山區纜車是德國最長的山區纜車之一。肖恩英斯蘭山上有Eugen-Keidel-Turm塔樓觀景台，可以欣賞著悠靜的山群景色，綴以山坡上的小村莊，美不勝收。

夏季7月時會有夜間纜車特別日，當日的纜車會營運到晚上12點，讓遊客可以在山頂上盡情地看著夏日長晝日落美景後，再伴隨著星空搭車下山。

▲Eugen-Keidel-Turm塔樓觀景台上一景

順訪北方主題遊樂園

行家祕技

歐洲公園(Europa Park)是位於魯斯特的大型主題遊樂公園，遊樂園位於歐洲中心位置，遊客來自世界各地。園區內有娛樂活動設施及表演節目，讓人盡情玩樂、放鬆。亦是黑森林區悠靜度假之外的另一種選擇。

http www.europapark.de

➡ 從Freiburg(Breisgau)搭RB27至Herbolzheim(Breisgau)，再轉搭巴士7200至Europa-Park, Rust

黑森林蒂蒂湖
Titisee

郊區1日遊

http www.hochschwarzwald.de/Titisee / ➡ 從Freiburg(Breisgau)火車站搭乘S1、S11、S10至Titisee-Neustadt　Neustadt站，再步行前往蒂蒂湖 / ⧗ 半天到1天

蒂蒂湖距離弗萊堡約45分鐘車程，是黑森林區最受歡迎的景點之一。它是黑森林區面積最大的天然湖泊。蒂蒂湖被四周樹林環繞，清新的空氣及悠閒的氣氛，非常適合搭船遊湖，或是租借小船自行遊湖。在湖岸散步亦是不錯的選擇。湖岸一側有許多紀念品商品及餐廳，是購買咕咕鐘及品嘗道地的黑森林櫻桃蛋糕最佳的地點。

1.從蒂蒂湖上的客船看湖岸 / **2.**搭船遊湖或是租船自己划船遊湖都是很好的選擇

慕尼黑
München

德國南部第一大城，保留巴伐利亞王國都城歷史風情。

慕尼黑玩家建議

可安排停留3～4天

慕尼黑坐鎮德國東南方巴伐利亞邦，有著現代經濟重鎮的規模及南德樸實豪邁氣息。想體驗傳統文化、啤酒及飲食，到慕尼黑就對了。

▲ 森德靈門(Sendling Tor)。位於Sendling Straße的南端，為慕尼黑南側的一個舊城門。在城門的廣場上，是當地人看電影、購物以及聖誕節市集的重要會見地點

▲ 路德維希二世於基姆湖紳士島上建造的海倫基姆湖宮

行家祕技 **探索慕尼黑景點！**

推薦景點：慕尼黑王宮、聖母主座教堂、馬克西米利安大街、音樂廳廣場及路德維希大街、國王廣場及博物館區、奧林匹亞公園；郊區景點：達豪集中營、施塔恩貝格湖、基姆湖、新天鵝堡(P.187)、國王湖(P.187)等。

▲ 達豪集中營是慕尼黑郊區重要的歷史景點　　▲ 官方旅遊網站

豆知識

慕尼黑的歷史文化

16世紀初慕尼黑為巴伐利亞邦的首府，不管在政治或是建築藝術上都受宮廷文化的影響。17世紀時更成為巴洛克藝術的中心。然而在20世紀時，慕尼黑是右翼政治的溫床，最後成為了納粹的據點。在1945年後，在美軍占領下，重建以及發展都要比德國其他城市或邦來得快速及穩定。

玩樂篇

瑪利亞廣場及新市政廳
Marienplatz & Neues Rathaus

http www.muenchen.travel/pois/stadt-viertel/marien-platz# / ✉ Marienplatz 8, München / ☎ 08923300 / ⏰ 市政廳鐘樓：週一～六10:00～19:00，週日及假日10:00～17:00 / $ 鐘樓觀景：成人票€6,50，優惠票€1 / ➡ 搭U3或U6至Marienplatz站 / ⏳ 0.5～1小時

　　該廣場在中世紀時為重要的市集中心，今日已規畫為人行步道區，廣場四周有許多購物商店。在廣場北方的新市政廳則是華麗的歌德式建築，其85公尺高的市政廳塔為主要特色。

　　市政廳內部提供定時的付費導覽。亦可以只購票至鐘樓上的觀景台欣賞鄰近的聖母大教堂及慕尼黑市區景色。在瑪利亞廣場上，別忘了鐘樓在每日11:00、12:00，以及夏季17:00會有塔鐘報時表演秀哦！

1.瑪利亞廣場上的瑪利亞神柱 / 2.瑪利亞廣場與新市政廳，每日吸引無數的觀光客。新市政廳有高達85公尺的塔樓觀景台，可一覽慕尼黑市區全景 / 3.慕尼黑王宮的國王殿 / 4.位於瑪利亞廣場旁的聖母大教堂

慕尼黑王宮
Residenz München

http www.residenz-muenchen.de / ✉ Residenzstraße 1, München / ☎ 089290671 / ⏰ 每日開放；Residen-zmuseum+Schatzkammer：04/01～10/18為09:00～18:00，10/19～03/31為10:00～17:00 / 休 1/1、2月中Faschingsdienstag、12/24、12/25、12/31 / $ Resi-denzmuseum €9(優惠票€8)，Schatzkammer €9(優惠票€8)，套票14€(優惠票12€)，宮廷花園及噴泉池免費 / ➡ 搭U3、U4、U5、U6至Odeonsplatz站下車；巴士100至Odeonsplatz站 / ⏳ 約2～3小時

　　德國最大的市區宮殿，於14世紀時因舊王宮不敷使用而興建，日後成為巴伐利亞王國固定的政治管轄中心。共有3座建築群、10個宮廷庭院，以及上百間華麗的房間。17世紀時，在馬克西米連一世(Maximilian I)任期內經歷了兩次擴建；19世紀時，路德維希一世(Ludwig I)亦進行修建，於宮廷教堂內加入古典主義設計。目前國王樓內的房間為主要的博物館展示間，包含古物收藏廳、宮廷教堂、尼伯龍恩房間、華麗間，以及宮廷珍品收藏室等。

慕尼黑國家劇院
Nationaltheater München

http www.staatsoper.de / ✉ Max-Joseph-Platz 2, München / ☎ 089-218501 / ⏰ 視各活動表演票價而定 / ➡ 搭U3、U4、U5、U6到Odeonsplatz站，出站後從Max-Joseph-Platz方向步行約5分鐘 / ⏳ 視活動表演時間而訂

這座國家級的歌劇院建立於1818年，位於馬克斯約夫廣場東邊。1823年的一場大火以及第二次世界大戰，使得歌劇院歷經了兩次重建。目前巴伐利亞國家芭蕾舞團駐團於此，每日都表演出國家級水準的節目。

豆知識
卡爾斯城門及卡爾斯廣場

卡爾斯城門(Karlstor)是舊城區西側主要的出入口，也是市區內重要的交通樞紐之一。卡爾斯廣場(Karlsplatz)及城門的命名源自於18世紀初維特斯巴赫－普法爾茨系的選帝侯，卡爾·特奧多爾，然而慕尼黑市民不甚接受這位外來的統治者，長久以來習慣稱這

裡為Stachus。從這裡可以步行至聖母教堂及瑪利亞廣場，廣場及周圍有許多商店及咖啡廳，非常適合午後的購物行程。

1.每年夏季，歌劇院都會有音樂節活動，演出大師級的音樂作品／2.老繪畫陳列館外的藝術品／3.展區現場有許多等比例放大的複雜機械構造展示，地下室也有親子科學活動區／4.博物館頂樓天文相關展區／5.服務處一旁的紅色寶馬車／6.進入博物館內，即可以看到經典車款的展示

老繪畫陳列館
Alte Pinakothek

http www.pinakothek.de / ✉ Barer Straße 27, Eingang Theresienstraße, München / ⏰ 週二、三10:00～20:00，週四～日10:00～18:00 / 休 週一 / $ 一般票價€7，優惠票€5，週日票€1 / ➡ 搭乘U2至Königsplatz/Theresienstraße站；U3、U6至Odeonsplatz或Universität站；U4、U5至Odeonsplatz站。搭輕軌電車27、巴士100至Pinakotheken站 / ⏳ 2～3小時

這裡從中世紀開始陸續收藏歐洲不同國家的藝術作品，包含有法國、義大利、荷蘭等。隨著歐洲境內大大小小的戰爭，陳列館內的作品收藏也不斷地變動。目前一共收藏了數千幅13～18世紀的畫作，內有將近20個展廳，並有中期或常設展。該館亦是世界上最古老的美術館之一，在本館對面則是新繪畫陳列館，收藏19世紀後的美術作品。

1

2

德意志(科技)博物館
Deutsches Museum

http www.deutsches-museum.de / ✉ Museuminsel 1, München / 📞 0892179333 / 🕐 每日09:00～17:00 / 💲成人日票€15，優惠€8 / ➡ 搭乘S1～4、S6～8至Isartor站；搭U1、2至Fraunhofer Straße站 / ⧖ 一般民眾：半日，對科技、科學愛好者：1～2日

　　德意志博物館(Deutsches Museum)是世界上最大的科技博物館，一共涵蓋了大約50多種科學技術的領域。在這裡從天文知識到電力、水力發電都完整的以各種不同的展覽物品介紹。博物館各樓層的主題如：礦山工程區、親子科學天地、高壓電流實驗區、能源技術、藥物學(包含學術資訊、博物館歷史、物理、航空歷史等)、大地測量學、資訊科技、微電子學、太空、觀星學、天文館。絕對是科技愛好者的必走行程。

BMW博物館及寶馬世界
BMW Museum & BMW Welt

http www.bmw-welt.com / ✉ Am Olympiapark 1, 80809 München / 📞 08912506001 / 🕐 **BMW Welt**：週一～六07:30～00:00，週日09:00～00:00；**BMW Museum**：週二～日及假日10:00～18:00 / 休週一 / 💲**BMW Welt**：免費；**BMW Museum**：成人票€10、優惠票€7 / ➡ 搭乘U3線到Olympiazentrum站 / ⧖ 2～3小時

　　BMW為Bayerische Motorwerke的縮寫，亦即巴伐利亞汽車製造公司，總部旁有BMW巴伐利亞藍白格子Logo的圓型建築物，即為遠近馳名的BMW博物館。這裡展示從古至今的BMW汽車，可看到其成長歷史，除汽車外，BMW的摩托車也是寵兒，甚至連飛機引擎也看得到。

　　新建的「BMW Welt」(寶馬世界)是座超現代的建築。美麗的曲線、奇幻的玻璃幾何造型，成為新地標。館內車型繁多，愛車族必定流連忘返。

3

5

4

6

寧芬堡宮
Schloss und Park Nymphenburg

http www.schloss-nymphenburg.de / ✉ Schloss Nymphenburg, Eingang 19, München / ☎ 089179080 / ⏰ 4月～10/15為09:00～18:00；10/16～3月為10:00～16:00 / 💲 成人票€8，優惠票€7 / ➡ 搭S-Bahn 1、2、3、4、6、8線，到Laim站後，轉巴士51或151線到Schloss Nymphenburg站；U-Bahn1、2、7線，到Rotkreuzplatz後轉街車12線，到Schloss Nymphenburg站 / ⧖ 2～3小時

寧芬堡宮主要可分為宮殿、花園及博物館3個參觀區域。該處原建築風格是巴洛克式建築，重建時，許多內部的裝潢則改為新古典主義風格。其中的石廳（Steinerner Saal）以及馬斯托爾博物館暨瓷器博物館（Marstallmuseum mit Museum Nymphenburger Porzellan）、宮殿前方廣大的後巴洛克式的花園都是參觀重點。

英國花園
Englisher Garten

http www.schloesser.bayern.de(右側選單Gärten→München→Englisher Garten München) / ✉ Englisher Garten, München / ⏰ 24小時開放 / 💲 免費 / ➡ 搭U3、U4、U5或U6到Odeonsplatz站，先經過Hofgarten，走到Franz-Josef-Straße-Ring，看到Haus der Kunst建築物，後方即是英國花園 / ⧖ 約1～2小時

能夠想像一個比紐約中央公園還大的公園嗎？在慕尼黑的市中心，即可以看到一個充滿英式景觀設計，小橋流水加上一些亞洲文化元素的建築，就是慕尼黑英國花園寫照。興建於18世紀的慕尼黑英國花園是世界上最大的公園之一，面積為373公頃，公園內寬廣的草地，非常適合在午後帶瓶啤酒、小麵包或點心，和三五好友來此曬曬太陽，感受一下慕尼黑式的悠閒。

1.位於慕尼黑西方郊區的寧芬堡宮，寧靜怡人 / 2.寧芬堡宮殿花園 / 3.英國花園內著名的中國塔 / 4.英國花園面積比紐約中央公園還要大

新天鵝堡
Schloss Neuschwanstein
郊區 1日遊

 訂票網站：www.hohenschwangau.de / Neuschwansteinraße 20, Schwangau / ☎ 083629398877 / ⏰ 冬季(10/16～03/31)每日10:00～16:00；夏季(04/01～10/15)每日09:00～18:00 / 休 12/24、25、31及1/1 / $ 一般票€15、優惠票€14 / ➡ 搭乘火車至富森站(Füssen)後，轉搭巴士73號前往 / ⏳ 適合1日行程

　　新天鵝堡堪稱是世界上最唯美、最浪漫的城堡，是路易二世國王留給世人最可貴的作品，也是迪士尼樂園城堡造型之靈感來源。位於山巖上童話般的城堡，配合當地的湖光山色，如夢似幻，令人痴醉。無論春夏秋冬甚或雲霧繚繞時，新天鵝堡都是那麼地迷人。

新天鵝堡訂票網站 ▶

1.新天鵝堡是德國童話城堡最經典的代表作 / 2.從Marienbrücke橋上可以看到新天鵝堡的全貌，這裡也是拍照最好的地點 / 3.國王湖上湖區群山湖景 / 4.德國最高的瀑布及前方草坪上的牛群

國王湖
Königssee
郊區 1日遊

 www.berchtesgaden.de/koenigssee / Der Königssee, Im Nationalpark Berchtesgaden / ☎ 08652963696 / ⏰ 全年都有船運 / ➡ 從慕尼黑搭火車至Berchtesgaden Hbf站(需轉車1次，共約2.5小時)，再轉搭巴士841或842號前往 / ⏳ 適合1日行程 / ℹ 部分景點只在4～10月開放

　　國王湖位於德國最東南方的一個小鎮貝希特斯加登國家公園(Berchtesgaden)，是園區內最熱門的景點，其湖水清澈，兩側由阿爾卑斯山群環繞。搭船可以前往聖巴爾多祿茂教堂(St. Bartholomä)站，參觀教堂後，繼續搭船至位於更北方的Salet站(船票要買Salet站來回)，再步行至上湖區(Obersee)。上湖區不僅可以欣賞碧綠無瑕的湖景，最後可以走到德國最高的高山瀑布區，作為行程的終章。

船運班次時間及票價查詢 ▶

紐倫堡
Nürnberg

法蘭肯區第一大城，古城木屋及聖誕童話的氣息。

紐倫堡玩家建議

可安排停留3～5天

位於巴伐利亞州北方的紐倫堡是一座中世紀古城，擁有兩個舊城區，在聖塞巴德城區(St. Sebald)有著輝煌氣派的皇帝城堡、傳統木桁架屋街道，而聖羅倫茨城區(St. Lorenz)則有著繁忙的市集廣場及店家。16世紀文藝復興大藝術家阿爾布雷希特‧杜勒(Albrecht Dürer)之屋，以及二次大戰之後的「紐倫堡審判」(Nürnberger Prozesse)都是該市重要的歷史遺址及事件。

行家祕技 探索紐倫堡景點！

推薦景點：國王塔門及手工業庭院、塞巴德教堂、羅倫茨教堂、費博之屋／紐倫堡市立博物館、主市集廣場(聖母教堂、美泉)、杜勒之家、拿騷之屋、聖心救濟院、紐倫堡玩具博物館、紐倫堡交通(德國國鐵)博物館。

▲ 在紐倫堡參加Free Walking Tour了解景點歷史

▲ 官方旅遊網站

▲ 紐倫堡的新城門塔Neutorturm

紐倫堡皇帝城堡
Kaiserburg

http kaiserburg-nuernberg.de ／ ✉ Burg 7, Nürnberg ／ ☎ 09112446590 ／ ⏰ 4～9月09:00～18:00，10～3月10:00～16:00；城堡花園4/15～10月08:00～太陽下山 ／ 休 狂歡節、12/24、12/25、12/31、1/1；城堡花園11月～4/14不開放 ／ $ 成人套票€7，優惠套票€6(包含行宮／雙層禮拜堂+皇帝博物館+深井泉+圓塔)；成人一般票€5,50，優惠票€4,50(包含行宮／雙層禮拜堂+皇帝博物館) ／ ➡ 搭乘U-Bahn至Lorenzkirche站；搭巴士36至Burgstraße；搭Tram4至Tiergärtentorplatz ／ ⏳ 0.5～1日

皇帝城堡是參觀紐倫堡重要的歷史景點，所在的山坡上一開始僅為中世紀的防禦工程建築，因後來的權貴家族入主，該區成為了統治當時帝國的據點，因此擴建了皇帝行宮，並陸續建造了城堡上不同的行政及軍事建築。在神聖羅馬帝國

時期，紐倫堡成爲了皇帝們開始其政治生涯的起點，並且在統治期間亦需要多次回訪紐倫堡。

城堡內的「城堡伯爵城堡之五角塔」、城堡花園以及其園塔、深井泉都是重點參觀項目。皇帝行宮內則有騎士大廳、皇帝廳、博物館及寢宮、雙層禮拜堂。

聖羅倫茨舊城及聖塞巴德舊城
Altstadt St. Lorenz、Altstadt St. Sebald

http tourismus.nuernberg.de/erleben/familie/nuern-berg-altstadt/ / 🕐 24小時 / ➡ **Altstadt St. Sebald**：搭巴士36至Nürnberg Hauptmarkt；**Altstadt St. Lorenz**：搭乘U1 至Lorenzkirche站 / ⏳ 2～3小時

紐倫堡是座有兩個舊城區的城市，聖羅倫茨舊城以及北方的聖塞巴德舊城，城區內各自都有一座中世紀教堂。聖羅倫茨教堂昔日聚集著當地許多傳統手工業者及商人，是交易繁忙的城區。兩舊城間有佩格尼茨河（Pegnitz）及古色古香的小橋襯托。

聖塞巴德舊城區的歷史比聖羅倫茨舊城更久，每年冬季，在該市最古老的聖塞巴德教堂前的廣場上都會舉辦聖誕市集，皇帝城堡則在該區西北方的小山坡上。此外，千萬別錯過這裡的木桁架屋童話街：白格伯街（Weißgerbergasse）曾是當地皮革手工業最興盛的地方，該區的房屋有著最好的修繕及維護，昔日繁華景象歷歷在目。

1.五角塔／2.雙層禮拜堂／3.城堡內一景／4.古色古香的手工業庭院／5.從聖塞巴德教堂觀景台上看聖誕節市集／6.廣場著名的美泉上有傳說會帶來好運的金環

日耳曼國家博物館
Germanisches Nationalmuseum

http www.gnm.de / ✉ Kartäusergasse 1, Nürnberg /
📞 091113310 / 🕐 週二～日10:00～18:00(週三
～20:30) / 休 週一 / 💲 成人€8，優惠€5，家庭票€10
/ ➡ 從紐倫堡火車站步行約700公尺即達；搭乘U2、
U3至Operhaus站 / ⌛ 3小時～0.5日 / ℹ 可選擇2～3
個有興趣的主題參觀，行前可上網了解各展區所在樓層
及位置：gnm.de/ausstellungen/orientierungsplan

　　日耳曼國家博物館原址為一座修道院，在當
地一位古代德語文化研究學者(亦是當地貴族)的
推波下，在此完整收藏與記錄了古代德語文化圈
的歷史文化，直至今日，館內收藏達120萬件文
物，是德語區最重要的文化歷史博物館。

1.日耳曼博物館內大廳／2.博物館外人權之路

　　館內的常設展如史前歷史文物、畫作及錢幣收
藏、中世紀藝行及宗教文物、杜勒畫作、生活物
品及古玩。其涉及的領域之廣，是其他博物館所
不及的。另外，博物館中大量的古樂器收藏，更
是音樂愛好者之探索古代音律之美的聖地。而博
物館內亦保留了古修道院的遺址及相關的藝術雕
塑作品。

　　博物館外的加爾都西巷(Kartäusergasse)，有後
現代主義風格的人權之路展覽，30個不同國家的
人權宣言條款被刻寫在白色混凝土柱上，顯出日
耳曼博物館與現代議題的結合。

💗 貼心 小提醒

漫步遊舊城最自在

　　參觀紐倫堡舊城區不需要搭乘地鐵、街車
或巴士，就可以輕鬆地將大部分的景點收藏
入袋。從紐倫堡火車站起行，步行經過聖母
塔門及手工業庭院後，即進入到了聖塞巴德
舊城區，不久後就可以看到聖羅倫茨教堂。
再往北走數分鐘，即可以看到佩格尼茨河，
接著可以選擇從博物館橋或是肉橋過河進入
聖塞巴都舊城區，這裡即是紐倫堡的主市集
廣場，廣場上有著名的美泉及聖塞巴德教
堂。冬季這裡亦是德國最大的聖誕節市集所
在地。

　　最後再從旁邊的山路往上走，即是皇帝城
堡。皇帝城堡一旁即是杜勒之屋。

▲ 佩格尼茨河流經紐倫堡市中心，北為塞巴德城區，
南為羅倫茨城區

杜勒之家
Albrecht-Dürer Haus

http museen.nuernberg.de/duererhaus / ✉ Albrecht-Dürer-Straße 39, Nürnberg / ☎ 09112312568 / ◷ 週二～五10:00～17:00、週六、日10:00～18:00；7～9月及聖誕節市集期間週一開放10:00～17:00 / 休 12/24～25 / $ 成人€7,50，優惠€2,50 / ➡ 搭U1至Lorenzkirche站、巴士36至Burgstraße站以及街車4路至Tiergärtnertor站下車 / ⏳ 1～2小時

　　阿爾布雷希特・杜勒（Albrecht Dürer）是歐洲中世紀藝術重要的代表人物，以他的自畫像最為知名。位於皇帝城堡一旁的杜勒之屋博物館是杜勒度過晚年的住所。博物館完整保存了杜勒日常生活與繪畫創作的紀錄。雖然杜勒大部分的作品原稿都存放在日耳曼國家博物館，杜勒之屋仍吸引了許多觀光客來參觀。

　　紐倫堡市區內還可以看到杜勒兔、杜勒餐廳、杜勒廣場及其雕像，可見這位紐倫堡之子對於該市的重要性！

1.杜勒雕像 / 2.杜勒之家博物館

法蘭肯金三角：班貝格及拜律特1日遊

　　法蘭肯區（Franken）重要的3個大城除了紐倫堡之外，還有其北方的班貝格（Bamberg）及拜律特（Bayreuth）兩個城市。班貝格有著「法蘭肯的羅馬」之名，這座千年古城的舊城區，不僅因其保存完善而被列入UNESCO世界文化遺產，其有著4座鐘樓的主教座堂內，仍保存著現存最古老的中世紀石製騎士雕像；此外，舊宮廷、新行宮及舊城堡都是熱門景點。

　　音樂歌劇之都拜律特，則有亦是UNESCO世界文化遺產之一的侯爵歌劇院，美輪美奐的後巴洛克式歌劇院，是世界級水準的音樂殿堂。

▲ 班貝格舊城堡上俯看班貝格主教座堂及法蘭肯景色

▲ 拜律特新行宮內有著獨特的拜律特洛可可式建築裝飾風格

圖林根州
Thüringen

邦州跨城市旅行,搭配林地健行或二戰歷史集中營1日遊。

圖林根州玩家建議 **可安排停留5～7天**

圖林根州非常適合喜歡邦州主題行程的玩家,首府埃爾福特(Erfurt)曾經是中世紀的神聖羅馬帝國皇家大道東西向的中心城市,在歷史貿易路線上是個重要的交會點;16世紀馬丁路德在瓦爾特堡(Wartburg)將聖經翻譯為德文;威瑪是德國第一部民主憲法的誕生地,今日以「古典威瑪」之美名招待著全世界對於文學、歷史及建築的愛好者前來旅行;大學城耶拿(Jena)則以光學技術(蔡司鏡片)享譽世界。到該州旅行,除了可以輕鬆地在這幾座大城市參觀,也不妨安排1日郊區健行,感受「德國綠色心臟」(Grünes Herz Deutschlands)的魅力!

埃爾福特市政廳▶下的街頭音樂表演

行家祕技 **探索圖林根州景點!**

搭乘ICE、CE或其他國際火車抵達埃爾福特,可在當地或威瑪找住宿。若為一週的行程,可安排2～3日參觀埃爾福特,再搭區間火車到其他城市如威瑪或是耶拿(各1～2日),同時安排圖林根州海尼希國家公園(Nationalpark Hainich)或布亨瓦德集中營1日遊。

▲ 耶拿市區Johannistor城門遺跡

▲ 耶拿是德國著名的大學城之一

埃爾福特
Erfurt

　　埃爾福特為圖林根州第一大城，傳承著歷史上皇家大道的轉運城市，濃厚的商業購物街氣息充斥在如今依舊繁忙的安格廣場及宮殿街。有著「城市陽台」(Der Balkon der Stadt)之稱的彼得堡要塞，坐落在城市的西區山坡上，在山坡下則是5世紀時該城市最早的村落區。從要塞上可以俯瞰主教座堂廣場及舊城裡幾乎數不盡的教堂、橋梁及美麗建築物。山坡旁的兩座教堂埃爾福特主教座堂(Erfurter Dom)及聖斯維利教堂(St. Severikirche)是該城市最重要的參觀景點，另外推薦魚市場、商人教堂及馬丁路德雕像、瓦格巷、舊猶太教堂等。

埃爾福特官方旅遊網站 ▶

> **1,2.埃爾福特的城市陽台：彼得斯堡要塞，目前結合具體藝術論壇，是當地重要的藝文指標／3.教堂階梯上方的即是主教座堂的聖女門／4.主教座堂內的高祭壇**

埃爾福特主教座堂（聖瑪莉主教座堂）
Erfurter Dom (Dom St. Marie)

http www.dom-erfurt.de ／ ✉ Domplatz ／ 🕐 5～10月：週一～六09:30～18:00，週日13:00～18:00；11～4月：週一～六09:30～17:00，週日13:00～17:00 ／ 💲免費。導覽(每日下午14:00)€5,50 ／ ➡ 搭乘街車2、3、6路，至Domplatz站下車／⧗ 1～1.5小時

　　位於舊城區西方山坡上的教堂山上，坐落著兩座埃爾福特最重要的教堂：埃爾福特主教座堂及聖斯維利教堂(St. Severikirche)。站在教堂廣場上，左手邊即是主教座堂，廣場以70個台階引領著人們進入教堂。

　　教堂建於8世紀，塔樓建築風格為羅馬式，塔樓裡的大鐘Gloriosa，直徑2.57公尺，12噸重，是世界上最大的自由旋轉的中世紀大鐘；西廳及教堂內部窗戶為哥德式晚期藝術，聖母登基雕塑及唱詩班座椅為教堂內部的參觀重點。

克雷默橋
Krämerbrücke

流經市中心的是維爾德格拉河（Gera），除了兩側河畔美景，千萬不能錯過的是建架在克雷默橋上的木桁架屋群，這裡有著許多特色手工和古董商店。克雷默橋另一端是11世紀就存在的「小廣場」，廣場上美味的餐廳或是咖啡廳酒吧，是行程中落腳歇息的好地方。

▲ 克雷默橋上的傳統房屋

路上觀察 **文藝復興時期貴族房屋**

在有著埃爾福特市中心羅馬人噴泉柱的魚市場周圍，坐落著新哥德式建築的市政廳，以及兩棟最著名的文藝復興時期貴族房屋——紅牛之屋(Haus zum Roten Ochsen)以及爐灶之屋(Haus zum Breiten Herd)。

▲ 電纜車頭後方橘紅色建築物即為爐灶之屋

▲ 同樣位於魚市場上的紅牛之屋

威瑪
Weimar

文學藝術氣息濃厚的威瑪在圖林根州，接待全世界音樂劇、文學迷及建築迷。2019年，爲了紀念包浩斯建築100週年而成立的包浩斯博物館，以一貫俐落樸實的建築設計外觀立於威瑪市中心的北方，館內新穎現代的展出設計，有待建築迷們去互動探索。

在整齊又乾淨的街道上漫步前往南方的舊城區，同時可以看到威瑪共和國之屋，最聞名的歌德與席勒雕像就矗立在威瑪德國國家劇院前，分享共同成就「古典威瑪」時期(Klassisches Weimar)的榮耀，古典威瑪更被列入UNESCO世界文化遺產。然而這榮耀應歸功於18～19世紀時將文學及藝術帶到威瑪的安娜·艾瑪莉亞公爵夫人（Anna Amalia），以她命名的圖書館及其內著名的

1

2

洛可可廳，亦是古典威瑪UNESCO世界文化遺產項目之一，館內收藏有16世紀馬丁‧路德翻譯的聖經，以及大量的文學及文化歷史書籍。

古典威瑪UNESCO世界文化遺產項目還包含在東區的伊爾姆河旁的威瑪宮殿及宮殿博物館，博物館內收藏著威瑪的城市歷史文物，以及述說著打造出這座文化首都背後的公爵家族歷史。宮殿內的宴會廳以及大理石畫廊都是參觀的重點。此外也推薦威瑪包浩斯大學及其他包浩斯建築物、席勒故居、羅馬之屋等景點。

威瑪官方旅遊網站 ▶

玩樂篇

布亨瓦德集中營
Konzentrationslager Buchenwald
郊區 1日遊

➡ 位於威瑪東北方約10公里處，可從威瑪市區搭乘6號巴士前往

布亨瓦德集中營是二次世界大戰時德語區領土上規模最大的勞動集中營。在這裡除了猶太人之外，主要還囚禁了當時的政治犯、宗教激進人士、知識分子及戰俘等。有著包浩斯風格字體的「JEDEM DAS SEINE」[每人得到其應有的（分配）]的入口大門，其開啟的歷史篇章卻是非人道的殘酷事實。

距離集中營不遠處有座「自由之鐘塔」（Turm der Freiheit），鐘塔前方佇立著紀念當時在集中營起義的11位人士雕像，從這裡望著山下的威瑪城市及其他村落，讓人思索著自由平等的可貴。

1.威瑪共和國之屋 / 2.歌德在當地的故居，亦是今日德國文學詩迷朝聖的景點 / 3.歌德與席勒雕像 / 4.伊爾姆河旁威瑪城市宮殿 / 5.布亨瓦德集中營 / 6.有著包浩斯風格字體的「JEDEM DAS SEINE」

③

⑤

④

⑥

薩克森州
Sachsen

薩克森州位於德國東部，與捷克相鄰。

薩克森州玩家建議

可安排停留5～7天

從地理上來看，易北河流經薩克森州中部，除了蘊育出沿岸大城德勒斯登，河岸兩側也綴以無數的幽靜小村莊。不僅如此，易北河的上游地區更與中歐(德國及捷克的邊界地區)獨特的白堊砂岩岩石山脈地區共譜出了「薩克森小瑞士」奇景的獨特樂章。

▲ 德勒斯登是薩克森州的首府

萊比錫
Leipzig

萊比錫是薩克森州的明珠，經歷過歷史和意識型態的考驗，秉持出版大業及知識傳承的使命，讓時下有活力及創意想法的年輕人得以在科學及文化上持續碰撞出新的火花。

行家祕技　**探索萊比錫景點！**

從萊比錫總火車站前方的歌德街步行約15分鐘，即可抵達奧古斯都廣場，廣場上除了有一般的傳統市集，亦是重要節慶活動的場所，其四周有萊比錫布商大廈音樂廳、萊比錫歌劇院及萊比錫大學。這裡亦是德國出版業的重鎮，德意志國家圖書館即坐落於此，收藏了德國最珍貴的書籍以及前東德重要的文獻資料。萊比錫市區許多地方都還維持著前東德城市的市貌建築風格，是其獨特之處。萊比錫重要景點：

- 奧古斯都廣場(Augustusplatz)
- 甜食廣場(Naschmarkt)
- 萊比錫舊市政廳(Altes Rathaus)
- 市集會場(購物中心)
- 德意志國家圖書館
  (Deutsche Bücherei
  Leipzig) 萊比錫官方旅遊網站 ▶

▲ 奧古斯都廣場

玩樂篇

德勒斯登
Dresden

薩克森州首府德勒斯登有獨特的德勒斯登巴洛克建築風格及濃郁的藝術文化氣息，肩負著該邦州政治、經濟科學及工業的重責。

▲ 砂岩岩石是當地著名的地理奇景

薩克森州小瑞士國家公園
Nationalpark Sächsische Schweiz

郊區1日遊

▶ 搭乘區間車到拉滕(Kurort Rathen)後，轉搭船運至對岸，即可步行至Bastein

來到薩克森州旅行，一定要安排1～2日遊的薩克森州小瑞士國家公園之旅，欣賞這有如瑞士山群的奇景。19世紀浪漫主義畫家卡斯巴‧大衛‧弗雷德里西(Caspar David Friedrich)與一些其他當時的知名畫家在德勒斯登期間，為薩克森州小瑞士創作了大量的風景畫，無論是婀娜多姿的易北河全景、壯闊的砂岩岩石(Bastein)景觀，抑或山林間的絕俗氣息，在在都成為了後世藝術畫家追隨前大師腳步的創作靈感來源，園區內的「畫家之路」(Malerweg)亦是今日最著名健行步道。

行家祕技

探索德勒斯登景點！

德勒斯登大部分的景點都坐落在易北河西岸的內舊城區(Innere Altstadt)。劇院廣場上被德勒斯登巴洛克式建築群包圍著，無論是森伯歌劇院(Semperoper)、城市宮殿或是教堂，以及昔日的城區堡壘，都讓人覺得置身在童話世界裡。沿著布呂爾平台(Brühlsche Terrasse)散步或是休息喝杯咖啡，不僅能一邊欣賞易北河美景，還可以一邊享受平台旁建築群的藝術洗禮。新市集(Neumarkt)上的聖母大教堂絕對不可錯過，教堂有67公尺高，在其歐洲(阿爾卑斯山以北)最大的石製教堂圓頂平台上，可以俯瞰舊城區全景。德勒斯登重要景點：

■ 奧古斯都大橋(Augustusbrücke)
■ 布拉格大街(Prager Straße，購物街)
■ 劇院廣場(Theaterplatz)：德勒斯登王宮(Dresdner Residenzschloss)暨綠穹珍寶館(Grünes Gewölbe)、宮廷教堂(Katholische Hofkirche)、森伯歌劇院(Semperoper)、茲溫格宮(Der Dresdner Zwinger)、舊城主崗哨(Altstädter Wache, Schinkelwache)
■ 布呂爾平台(Brühlsche Terrasse)：後方建築群為最高法院、德勒斯登藝術學院、阿爾伯提努現代藝術博物館(Albertinum)等。
■ 聖母大教堂(Dresdner Frauenkirche)
■ 懸掛式山區纜車及站立纜車

德勒斯登官方旅遊網站 ▶

▲ 德勒斯登布呂爾平台

通訊與應變篇
Communication & Emergencies

在德國上網、寄信、發生緊急狀況

德國中、大型城市的網路普及率高，只要有智慧型手機，基本萬事搞定。另外，德國整體治安雖有一定的秩序，不過出門在外總要以防萬一。本篇章將介紹如何上網通訊、寄明信片，以及遇到困難時如何尋求協助等，各種意外狀況的危機處理方法。

上網

歐洲上網卡、Wi-Fi分享器,依照旅行天數及流量選擇方案。

出遊首重網路流量、速度及訊號涵蓋範圍,以利在其他國家可以迅速地上網查詢資料,並且隨時更新社群媒體的最新動態,因此,選擇可靠又穩定的網路業信者是首要考量。

上網方式

國際漫遊

台灣大哥大、遠傳或是國內的一般電信業者都有提供「國際漫遊服務」。如果不希望因國出旅遊而漏接任何國內的來電或簡訊,那麼使用網路服務即為次要,則維持原手機SIM卡,使用國際漫遊服務較為方便。唯該服務的套裝費用會比其他通訊業者針對歐洲上網的服務都來得高。台灣大哥大網站提供實用的「原號漫遊」、「Wi-Fi分享器」以及「SIM卡」的比較表。

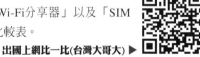
出國上網比一比(台灣大哥大) ▶

事先購買上網預付卡

在國內先買好在歐洲可上網的預付卡,是目前較多國人出國旅遊時的選擇,一來可以有較優惠及多樣的方案,二來也較符合國人的上網習慣。在開通設定或是出狀況時,處理上也更容易。

坊間如「桔豐jetfi」、「翔翼通訊」等都有提供歐洲上網SIM卡、Wi-Fi分享器,其優點在於方案活動多(如多國吃到飽方案),價格較為彈性及優惠,適合需要即時大量傳輸或下載照片及檔案的旅人;若隨身有兩個以上的行動裝置,亦需考量到熱點分享的功能或是Wi-Fi分享器。

其中翔翼通訊提供「德國Ortel預付卡」,Ortel Mobile是歐洲最大的預付卡電信公司之一,開卡時須提供證件。

桔豐jetfi產品介紹 ▶

當地購買SIM卡

若非一下飛機就需要網路或打電話(大部分機場會提供免費Wi-Fi),SIM卡亦可以在抵達德國目的城市後,前往電信門市購買。當地主要的電信業者為Telekom、Vodafon、O2,在市中心和各大城市的車站附近都有門市,都可用英語溝通。

無論是長、短期旅遊,均可購買預付儲值卡(Prepaid,不需要合約),額度使用完後,再上網或到門市加值;或是不繼續儲值,SIM卡會在6個月後失效。購買時需出示護照身分證件,並請門市人員協助完成開卡。開卡後馬上就可以連上網路使用,通常都具備了通話、簡訊、上網以及歐洲國家(部分)的國際漫遊,不需再另外申請。

在超市如ALDI或LIDL也都可以看到自家出的電話(網路)儲值卡。然而購買後需要找到有網路

的地方才能開通號碼，設定過程較為繁瑣，雖然優惠方案比電信門市的好一些，但若為短期旅遊或是應急使用，建議還是到電信門市購買SIM卡，也能確保網路涵蓋率較高。

 www.o2online.de

▲ 在ALDI超市櫃檯可以買到網路電話卡

免費的Wi-Fi網路

大城市許多景點及餐廳會提供免費的Wi-Fi，但中、小型城市或古城，網路的普及度則有限，若到非商業型城市旅遊，建議使用Wi-Fi分享器或購買當地可上網的預付卡。下表為德國常見有提供Wi-Fi的公共場所。

請注意 德國法令嚴禁任何的非法下載，使用公共免費網路時應注意。

 豆知識

什麼是eSIM?

eSIM(embedded SIM)是4G網路通訊下，一種取代實體SIM卡的新技術，將SIM卡內建在原廠的手機內。以省去手機用戶換號又換卡的不便。尤其在國際間旅行時，只需要上網註冊就可以啟用手機門號是相當方便的。但此內建SIM卡只有某些新型手機才能使用。

貼心 小提醒

善用旅遊服務中心

當地的旅遊服務中心通常也有免費的上網服務，還可以詢問是否提供緊急充電服務。
請注意 旅遊服務中心大部分週日休息。

▲ 奧古斯堡旅遊服務中心有親切的英語服務

地點	上網規則	說明
DB德國國鐵火車站(部分)	30分鐘免費上網	與T-Mobile合作，開啟Wi-Fi搜尋T-Mobile連線
柏林地鐵	在大部分的車站的月台即可收到訊號，不限時間	BVG 連線
連鎖速食餐廳(麥當勞、漢堡王等)	3小時(或以上)免費上網	麥當勞與T-Mobile合作
星巴克	免費無限上網	Wi-Fi點選「Meetme@starbucks」，跳出網頁需設定後連線
咖啡店、麵包店、餐廳	免費但限時上網	若店門口有Wi-Fi標示
大型購物中心、商場(Galeria Kaufhaus等)	免費但限時上網(或有時要加入會員後才能連線)	在購物中心內搜尋Wi-Fi，點選購物中心的Wi-Fi名稱後連線
飯店、Hostel	免費無限上網	通常都會有密碼，Check in時向櫃檯詢問

；可事先在台灣購買或至當地購買SIM卡；大部分的郵局都可以接受刷卡。

打電話

從德國打電話回台灣

台灣國碼 +（區域號碼）+ 電話號碼

撥打方法	範例
打到台灣手機門號	+886 912 345 678
打到台灣室內電話	+886 2 2222 5678 (台北)

從台灣打電話到德國

德國國碼 +（區域號碼）+ 電話號碼

撥打方法	範例
打到德國手機門號	+49 175 2345 6789
打到德國室內電話	+49 30 123 456 (柏林區碼30)

用Skype撥打電話

　　若是要以網路方式撥打電話至台灣或是德國的室內電話或是一般手機門號，可以使用Skype。Skype除了可以應用程式內免費影音通話，亦可另外儲值買點數，付費撥打電話到各國家的手機門號及室內電話。

寄信、明信片

　　旅行時，不免想要寄一張當地明信片回台灣作為紀念，在德國，有賣明信片的地方大多都有賣郵票，另外，在車站附近的Kiosk、書店、文具店、博物館和紀念品店等也買得到郵票。

　　德國郵局假日休息，許多大郵局的門口會有郵票自動販賣機，但只收硬幣，需自備零錢。郵筒則在郵局外、主街上、熱門景點、廣場上，都可以看得到。

	台灣	德國當地
明信片	€0,95	€0,70
一般信件(20g以內)	€1,10	€0,85
一般信件(50g以內)	€1,70	€1,00

＊掛號會再收約€3,50的郵資，資料時有變動，請以官方為準

寄包裹

　　德國的郵務與DHL物流系統結合，若是購買太多紀念品，可以考慮在回國前就先將物品打包，拿到飯店附近的郵局以DHL寄回台灣。

從德國寄送包裹回台灣郵資 ▶

通訊應變篇

安全叮嚀

牢記旅德注意事項，尊重文化差異。

旅行時，可留心當地警察局聯絡方式。無論發生任何狀況，應先保持鎮定，就近尋求協助。火車站服務台、餐廳商店店家或是飯店服務台，都是可以詢問的對象。以簡單的英語或德語(若諳其他歐洲國家語言，如義語或西語，都可以試著溝通。)描述事件、發生時間及地點，和你的聯絡訊息後，耐心等候相關的協助及救援。

■ 德國警車(POLIZEI為警察的意思)
■ 報警電話為110，急救電話為112

▲ 德國警車為綠(或藍)底白字的POLIZEI

了解當地狀況

隨著近年國際局勢影響，歐洲難民潮湧入，在柏林、法蘭克福、慕尼黑的大火車站，以及人潮聚集處，都可以明顯感受到外來人口的增加，因此也多了負面形象及安全上的顧慮。旅行前，建議多了解目的城市的近期新聞，例如2017年漢堡超市事件、2023年柏林及其他城市跨年時街頭零星暴動等，了解當地情況，提高警覺心。

旅德注意事項

■ 夜晚盡量不要在火車、巴士站、人潮眾多的地方活動。
■ 隨時注意身邊是否有可疑人士接近。
■ 隨身背包往前背，護照及大鈔放在貼身腰包。
■ 當有外來人士向前攀談時，勿太靠近對方，並注意自己外套口袋(手機)及背包之隨身物品。
■ 搭長途火車，若欲小憩休息，請將隨身背包置於隱密的地方。

路上觀察 柏林123事
「Do you speak English?」

在柏林的火車站或地鐵大站附近，常會有外來移民人士特意向亞洲觀光客詢問Do you speak English？若旅客回覆yes，那麼他們會拿出一張上面寫著需要你捐一些小錢的英文小紙條給你看。這些通常是羅姆人(Roma，女性會抱著幼童)或是難民。若在柏林搭乘S-Bahn或是U-Bahn，也會有街友在車廂內向乘客要錢，他們會先自我介紹，說明他們為什麼沒有錢，目前需要幫助之類的話。

物品遺失

遺失物品找相關單位尋求協助，切記人身安全最重要。

出國旅行，盡量將貴重物品留在家裡，以實用功能性的裝扮為主。重要證件如護照、機票、旅平險及信用卡等資料，可以準備影本帶在身上。若以手機翻拍，可將檔案存在雲端資料夾，以免手機遺失時無備份可查。

護照遺失

旅德期間，若護照遺失或遭竊，可以先至「駐德國台北代表處」申請補發「入國證明書（免費）」或是「申請補發護照」。若後續行程是直接回台灣，可以先在辦事處申請「入國證明書」，回到台灣後再重新申請補發護照。若後續行程不直接回台灣，還會出入境其他國家，則需要直接補發護照。以上兩項作業都會產生手續費。

◀ 駐德國台北代表處網站資訊豐富實用，電話諮詢亦提供中文服務，可以多加利用

Step 1 報案

於第一時間，在離護照遺失地點最近的警察局辦理護照遺失登記，申請遺失「報案證明」。

Step 2 通報駐德台北代表處

下載並填寫「遺失護照說明書」後，連同「報案證明」電傳通報就近之轄區內之駐德台北代表處。（駐德國台北代表處：柏林、漢堡、法蘭克福、慕尼黑）

Step 3 備妥文件、預約時間、申請補發

通報後，和代表處人員預約「護照遺失補發」或申請「入國證明書」。若為「護照遺失補發」需準備下列相關文件後，準時前往辦理。

- ■ 普通護照申請書
- ■ 護照遺失地治安機關報案證明
- ■ 遺失護照說明書
- ■ 2吋大頭照片
- ■ 其他可資證明當事人身分之證照或文件

貼心 小提醒

資料記得備份

建議在出國前就應將護照、證件、機票、旅遊平安保險、信用卡等資料備份，一份放家裡給家人保管，另一份與正本分開放置，隨身攜帶。

德國當地辦事處看這裡

在德國語言不通沒關係，遇到狀況可以詢問駐當地台灣辦事處，有中文人員可以協助你解決問題。

駐德國代表處(駐德國台北代表處，柏林)

Taipeh Vertretung in der Bundesrepublik Deutschland

🌐 www.roc-taiwan.org/de

✉ Markgrafenstrasse 35, 10117 Berlin

📞 聯絡外館：+49 (0) 30203610
　　緊急聯絡：(49)1713898257

駐慕尼黑辦事處

Taipeh Vertretung in der Bundesrepublik Deutschland, Buero Muenchen

🌐 www.roc-taiwan.org/demuc

@ muc@mofa.gov.tw

✉ Leopoldstrasse 28A, 80802 Muenchen

📞 聯絡外館：+49 (0) 895126790
　　緊急聯絡：(49)1755708059

駐漢堡辦事處

Taipeh Vertretung in der Bundesrepublik Deutschland, Buero Hamburg

🌐 www.roc-taiwan.org/deham

@ Taipehvertretung@taipei-hamburg.de

✉ Mittelweg 144, 20148 Hamburg

📞 聯絡外館：+49 (0) 40447788
　　緊急聯絡：(49)1715217081

駐法蘭克福辦事處

Taipeh Vertretung in der Bundesrepublik Deutschland, Büro Frankfurt am Main

🌐 www.roc-taiwan.org/defra

@ 領務組：frankfurt@mofa.gov.tw
　經濟組：frankfurt@moea.gov.tw
　觀光組：info@taiwantourismus.de

✉ Friedrichstrasse 2-6, 60323 Frankfurt am Main

📞 領務組：+49(0)69745734；經濟組：+49(0)69745720；觀光組：+49(0)69610743

ℹ 1.辦事處之現場服務及電話服務時間會有不同，請上網查詢。2.相關聯絡事宜均可上網填寫表單送出

旅外國人德國當地緊急救助參考資訊▲

信用卡遺失

各家銀行的處理方式不一，出國前可先向手中持有的信用卡銀行諮詢(或上網查詢)。並將相關聯絡電話記好。

 Step ## 掛失止付

第一時間立即聯繫「國內信用卡發卡銀行」(聯絡電話印於卡片背後，建議出國前先用手機拍下來)。

🌐 www.sperr-notruf.de

📞 德國當地卡片遺失申報專線：
　+49 116116 / +493040504050

 Step ## 報案遺失證明

向當地警察局申請卡片(或其他證件)遺失報案，並取得相關證明。

Step ## 後續理賠

若於出國前有申請理賠保險，請備妥相關文件，向保險公司申請理賠。

現金遺失

若是旅行時錢包(信用卡及現金)遺失，手邊完全沒有現金，可以利用「西聯匯款」(Western Union)請家人匯現金到你所在的城市。

西聯匯款

西聯匯款在德國郵政銀行(Deutsche Postbank)已全面改為線上服務，若要現場提取現金，可先到西聯匯款的網站，利用所在地的郵遞區號搜尋可提款的地點(通常為Kiosk或Reise Bank等)。提

款時一定要有由家人從國內提供的 MTCN（Money Transfer Control Number）密碼。

家人匯款步驟：

■ 到國內的「京城銀行」辦理「西聯匯款」，填寫相關單據並支付手續費。匯款人不需要有該銀行的帳戶。

■ 匯款後取得MTCN碼，並告知收款人。

收款人在當地取款：

■ 至西聯匯款網站上查詢就近的服務據點。

■ 備妥護照或證明文件，及匯款人的相關資料。

■ 提供MTCN碼，以當地貨幣匯率提領現金。

行家祕技 ## 京匯通APP、WISE國際匯款

京匯通APP

　是由京城銀行與西聯匯款聯合推出的京速PAY(King's Pay)，提供線上匯款，匯款成功後會即時取得MTCN碼，收款人可以在德國當地提領現金。(限iOS系統，詳細使用規則以京城銀行官網公告為主)

WISE國際匯款

　WISE是一家由比利時國家銀行授權的線上付款機構，用戶可以在不同幣值的帳戶與支付帳號之間，直接線上國際匯款(不包含如西聯匯款的提取現金服務)，優點在於完全線上交易、提供較優惠的手續費。適合長期在歐洲旅遊或是工作者使用。網站有中文介面。

http www.wise.com

生病受傷、找廁所

戶外活動、自拍玩樂仍不忘安全第一。

出門在外，無論是氣候變化或是參加節慶、水上活動項目的安全性都較難以預測，甚至越來越多觀光客為了要求完美的自拍角度而發生意外。在德國較少會有因為飲食清潔方面的差異而造成的腸胃病痛，反而是寒冷的冬天氣候容易讓人感冒或有其他不適的狀況。參加大型文化表演活動或是在郊區的自然景點觀光遊湖時，都要注意自身安全，才能玩得盡興！

當地診所

　如果真的很不舒服，最好還是去看醫生，可向旅館詢問附近的診所及醫生，一開始都是看一般科（Allgemeinefach），大部分的醫生都可以用英文溝通。德國除了牙科和眼科之外，各類診所的招牌多僅是以一個A4～A3大小的壓克力板嵌在建

築物入口處旁。請先上網查詢就近的診所,德國診所均採預約制。預約時可告知為緊急狀況,但仍不一定保證當天就可以看診。

看診後,可以拿醫生開的處方籤到附近的藥局買藥。若無當地健保,自費門診金額及藥品費用都會比較高。回國後,可憑德國診所的收據向保險機構或健保局申請補助。

Praxis
Dr. med. Nicolai Schreck

◀ 一般家庭科醫生診所(Praxis)都只會有小招牌掛在入口處門口

當地藥局

如果在旅行期間身體不適,身邊也沒有合適的藥品,可以在隨處可見的藥局,向藥師詢問、購買適合的藥品。若在旅行途中受到外傷,可以立即到附近的藥局趕緊敷藥或包紮傷口。大部分藥局的藥劑師或員工都會說英文,一定能在最短的時間內提供適當的協助。**請注意** 藥局的正式名稱為Apothek,和一般的dm、ROSSMANN等藥妝店不同。

◀ 在德國大街小巷都可以看到Apotheke

自備藥品

旅行出發前請記得攜帶隨身藥品,如自己常用的感冒、止痛、腸胃、皮膚藥等等,解決輕微症狀。但若十分不適,仍需就醫哦!

如廁二三事

在德國要臨時找到洗手間不是件容易的事,而且如廁要收費,需隨身準備零錢,所以只要遇到免費的洗手間,最好就去使用,避免急用時找不到。火車站的洗手間位置通常很隱密,搭乘火車、巴士時,可多利用車上的廁所。

洗手間多以圖示標明男女廁,或是會寫「Herren(男士)」、「Damen(女士)」,也有以「H」、「D」字母表示的。

◀ 洗手間通常會寫WC或是 **Toilette**

地點	收費
各大火車站	€0,50
百貨公司	€0,50
麥當勞、星巴克	有消費可免費使用
觀光景點的咖啡店、麵包店及餐廳	有消費可免費使用
圖書館、博物館	大部分都免費

行家祕技 ## 洗手間的折價券?

在柏林、法蘭克福或慕尼黑幾個大城市總火車站的Rail & Fresh WC,和DB德國國鐵合作。進入洗手間時需在匣門的收費機器上投入€1,接著下方會出現一張€0,50的折價券「Rail & Fresh WC」。折價券可在火車站內的部分商店消費抵用(最低消€2,50不等)。

不同車站有不同的合▶**作優惠的店家**

救命小紙條 你可將下表影印，以英文填寫，並妥善保管隨身攜帶

個人緊急聯絡卡
Personal Emergency Contact Information

姓名Name：

國籍Nationality：

出生年分(西元)Year of Birth：

性別Gender：　　　　血型Blood Type：

護照號碼Passport No：

台灣地址Home Add：(英文地址，填寫退稅單時需要)

緊急聯絡人Emergency Contact (1)：

聯絡電話Tel：

緊急聯絡人Emergency Contact (2)：

聯絡電話Tel：

信用卡號碼：

國內／海外掛失電話：

信用卡號碼：

國內／海外掛失電話：

信用卡號碼：

國內／海外掛失電話：

航空公司國內聯絡電話：

海外聯絡電話：

投宿旅館Hotel (1)：

旅館電話Tel：

投宿旅館Hotel (2)：

旅館電話Tel：

其他備註：

緊急救護、報案電話 **112**

報案電話 **110**

外交部旅外急難救助專線
00-800-0885-0885
00-886-800-085-095

駐德國台北代表處(柏林)
Taipeh Vertretung in der Bundesrepublik
Deutschland

🌐 www.roc-taiwan.org/de

✉ Markgrafenstrasse 35, 10117 Berlin, Germany

📞 聯絡外館：+49 (0) 30203610

📞 緊急聯絡：(49)1713898257

🕐 週一～五09:00～13:00、14:00～17:00